用故事培養孩子的

邏輯思考素養

哲學教授
親自編寫故事
與49道練習題

冀劍制——著
翔龍——繪

PART 5

轉學生與妖怪石頭

PART 6

怪獸山洞探險

PART 7

意外的禮物

作者序

比灌輸知識更加重要的事，素養

中、小學一〇八課綱熱鬧上路了，就連蟄伏在大學裡，都能感受到一股山雨欲來風滿樓的氣氛。素養！素養！這暴風眼核心，將會帶來什麼樣的轉變呢？

「素養導向」是一〇八課綱的教學革命，光是這個名詞攜帶的理念與其激發的想像，就能讓人豎起大拇指，鼓掌叫好。但這只是開始，遙想雖然無限美好，近處卻仍步步襤褸。

過去的教育宗旨是以盡可能吸收豐富知識為主，但以一個大學老師來說，入學新生是否背了很多東西並非重點，就算以培育世界領袖為目標，也完全不是問題。只要學生具備好的學習素養，像是「喜歡學習」、「願意思考」、「具備好的理解力」。那麼，老師們便可毫無阻礙的發揮所長，讓山中樹苗成就一座森林。

顯而易見的，培養素養比灌輸知識更加重要。而在所有學科中，最強調素養的，大概就是哲學了。

好幾年前的某一天，我問哲學界一位老前輩：「有沒有哪一個科目，如果不懂，就不足以稱之為哲學系畢業生？」會問這個問題，是因為當時正在思考課程改革，究竟哪一個哲學系必修課是不能改為選修的？老前輩想了想，回答說：「以科目來說，沒有！但是，如果不具備哲學思考力，就沒資格稱之為哲學系畢業生。」我完全同意這個想法。簡單的說，**哲學的訓練重點，不在於任何知識，而在於一種屬於哲學家的素養**。

所以，當一〇八課綱席捲而來，「如何培養素養」的問題，便紛紛向哲學敲門求解。

從小學領域來說，當有人開始提倡「兒童哲學」後，掌聲中也摻雜著噓聲。但兩者並不衝突。反對兒童學習哲學的，主要在於認為許多哲學知識不適合兒童，就像日本文學大師井上靖認為，適合讀孔子的年齡是七十歲。越早閱讀，效用自然越低，還說不定會有反效果。而支持兒童學習哲學的，主要在於培養哲學素養。這包含了養成論理的習慣（有主張就要有理由）、批判性思考能力（發現錯誤推理的敏銳程度），以及求知欲（培養求知與思考的樂趣）。

除此之外，某些哲學知識有利於培養這些素養。但須先轉換成一種較易吸收的型態。「如何轉換」也是兒童哲學的重要議題。

在素養導向的思維下，我們將改變評價教材的標準。過去在意教材裡知識的多寡，未來將更重視能否引出好的素養。

這本書是我在《國語日報》專欄所寫的一系列培養思考素養的第二本故事集。第一本的主要重點在於培養批判性思考能力。而這一本則主要強調論理的思考習慣。但二本都以能在閱讀中培養思考樂趣為最主要目標。

雖然這是第二本，而且故事的上場人物相同，書寫過程中也的確是較晚寫的，但寫的卻是第一本之前的故事。所以，如果還沒看過第一本，建議先讀這本，這樣或許會有更連貫的感覺。如果已經讀過第一本，也沒關係，就看看在那更早之前，究竟發生了什麼。

當然，這是一本培養思考素養的書，故事本身只是一條導火線，一路點燃好奇心的火種，讓學習成為樂趣。

然而，要讓素養導向教育獲得成功，不能僅靠教材。而是老師們、家長們也要一起加入，一同成長。這也是決定這場教育改革成敗的轉捩點。

冀劍制

PART 1

水源森林探險

一、水源森林的傳說

週末的早晨，在森林學園住校讀書的小光吃完早餐，揹起背包，帶了便當，便說要去水源森林探險。

準備要去晨跑的室友阿珍看到小光，揮了揮手說：「不要亂吃不認識的果子喔！」阿珍之所以這樣說，是因為之前小光每次看到奇怪的果子就想吃吃看，結果不但不好吃，肚子還痛了大半天。小光聽了便笑說：「我已經認識那種不能吃的果子了啦！」

阿珍想，說不定小光還會亂吃別種果子，趕緊叮嚀說：「不認識的都不可以吃。認識的也可能看錯，所以野外的果子最好都不要吃。」小光聽了有一點點不高興，嘟著嘴說：「我在台南鄉下外婆家都會吃野果的，反而是農夫種的東西不能偷摘來吃。因為這不但是偷竊行為，還可能會吃到剛噴完農藥的水果。但野果比較沒關係啊！」

阿珍想到小光是在鄉下長大，認得很多野果，便說：「好啦！那只能吃認識的野果，其他都不能亂吃喔，樹葉和樹皮也不可以吃！」阿珍知道小光愛吃，說不定連樹葉和樹皮都會想吃吃看，所以又補了最後這一句。小光聽到，噗哧笑了出來：「樹葉和樹皮澀澀苦苦的，很難吃，我才不吃難吃的東西。」

阿珍想想也對，因為她知道小光很挑食，連青椒和芋頭都不吃，怎麼會去吃樹葉和樹皮呢！於是她揮揮手，祝小光玩得愉快。

小光離開以後，阿珍突然想到：「為什麼小光知道樹葉和樹皮澀澀苦苦的呢？該不會真的吃過吧？」

小光就讀的森林學園位於山頂，沒有水流經過，除了仰賴雨水之外，用水都得從山谷下的溪流抽上來，溪流的所在地就是水源森林。小光曾經聽人說水源森林裡面有一隻龍，她從來都沒有看過龍，所以想去找找看。而且小光很有信心，覺得自己一定可以找到。

為什麼這麼有信心呢？那是因為小光不是只靠著運氣亂找，而是有先思考過：**「既然傳說有龍，說不定真的有，但為什麼都沒人看見過呢？那是因為想找龍的人都以為龍很大，但這隻龍很小，不容易被發現，所以大家都找**

不到。」

因為有這樣的推埋，所以小光把放大鏡放進背包，和便當放在一起，充滿自信又快樂地走向山谷。小光邊走邊哼著自己隨意創作的歌曲：「龍啊龍啊躲哪裡，人們以為你很大，其實小小隻，誰也找不著……」唱著唱著，越接近森林，蟲鳴鳥叫就越響亮，和小光的歌聲交織在一起，成了森林中的即興交響樂。

邏輯思考小學堂

思考

為什麼沒有人見過傳說中的龍呢？小光做了一個很合理的推理，就是這隻龍太小隻了，所以不容易發現。雖然這個推理很合理，但是，「合理不一定就是正確」，還有其他可能性。大家一起來想想看，還有哪些可能性呢？並且比較看看，哪一種解答的可能性最高？理由是什麼？學習尋找最佳理由的思考，就是學習哲學思考最重要的關鍵。

二、戴著紅領帶的蚱蜢

小光從山上往山谷走下去。一路下坡輕鬆愉快，大約三十分鐘就到了。森林裡的陽光靜靜灑在樹梢上，從樹葉編成的千百個漏斗中落下，隨著風，在地面形成搖曳的光影，也在小光臉上和衣服上忽明忽暗地穿梭著。

小光沿著步道走進森林深處，拿出放大鏡開始到處找。這時，她發現樹葉表面有很多奇怪的紋路，葉面上也有很多各式各樣的小蟲，每隻蟲長得都不一樣，雖然有趣，但都不是龍的樣子。

找了一陣子，小光覺得腰痠背痛。她想了想，覺得應該要採取別的辦法才行，不然森林這麼大，這樣亂找也是沒用的。於是小光又開始思考：「**龍是很特別的動物，特別的動物就應該住在特別的地方，所以，如果真的有龍，就會住在比較特別的地方。那麼，有什麼地方是比較特別的呢？**」

小光東張西望，發現左前方還有一條不明顯的小路，看起來好像已經很久沒人走過。她覺得這條路很特別，所以走了進去。

這條小徑的樹葉特別密集，把光線都遮住了，所以比較暗，也比較涼，不太像是有龍的地方。走了一小段路後，小光便穿出樹林，天空突然變亮了。森林中竟然有一大塊沒有樹的平地，看起來像是一間被樹幹包圍的露天教室。小光很高興的想著：「呵！這裡是很特別的地方。龍就住在這裡。」

小光再度拿出放大鏡到處看。這時，她發現樹枝間有個白色的小蛹在轉動，仔細一看，原來是一隻蜘蛛正在把獵物包起來。小光想著，「為什麼要包起來呢？要留著冬天吃嗎？」小光好奇地一直盯著看，看著看著，突然胸口一陣悸動，心中升起一股感覺，好像……好像是獵物在求救。獵物似乎知道有人出現，本來已經停止掙扎的身體又動了起來。

小光嚇了一跳，原來被蜘蛛包起來的不明生物還活著，小光趕緊將牠救出來，放在地面上。蜘蛛被小光嚇到，迅速跑到葉子後面躲了起來。一團蛹狀的小東西在地上扭動，小光小心地用樹枝撥開纏繞的蜘蛛絲，裡面是一隻小蚱蜢。

本來，小光想著蜘蛛絲裡會不會正好就是一隻龍？結果不是。她有點失望，但也覺得合理，因為，龍怎麼會被蜘蛛抓走呢？於是小光準備離開，繼續找龍，但說也奇怪，這隻蚱蜢被救下來之後，沒有立刻跑掉，還對著小光比手劃腳的。小光趴下來用放大鏡仔細觀察，發現蚱蜢還戴了一個滑稽的紅色領帶。蚱蜢發現小光在注意自己，就往外跳了一下，接著又回過頭來比手劃腳。小光很聰明的領會說：「是要我跟著你嗎？」蚱蜢揮一揮領帶，意思好像是說：「快過來！快過來！」小光心想，「該不會知道我要找龍，所以要帶我去吧！」於是她很高興的跟了過去。

小光跟著紅領帶蚱蜢穿過森林平地，走到另一端，樹叢裡有個小小貝殼，貝殼裡堆了一些細細的白沙，蚱蜢走進去，從沙堆裡挖出一個顏色就跟彩虹一樣的野果，看起來非常美麗。蚱蜢將野果遞給小光。小光想，「原來這是禮物啊！」因為她從來沒見過七彩野果，非常高興。正當小光準備要一口吃掉時，突然想起阿珍叮嚀過的話，不可以吃不認識的野果。

「唉呀！該怎麼辦呢？」小光苦惱著。

想著想著，突然想起之前外婆有教過的野外求生知識：「如果在野外迷路了，沒東西吃，又找不到認識的果子和植物時，可以先選擇動物們會吃的食物，跟著動物吃比較安全。」

所以小光又開始推理了：「**蚱蜢給我的果子，就是蚱蜢的食物，既然牠可以吃，那我也可以吃。**」小光很滿意自己的推理，所以就一口把果子吃掉

了。這個果子酸酸甜甜，彷彿很多種不同的口味混合在一起，各有特色又互相融合，真是太好吃了。小光本來還有一點點擔心，但覺得「**這麼好吃的東西一定不是壞東西。**」所以就放心地品嚐美味了。

正當果子的汁液慢慢在舌間擴散開來，小光突然聽到一個聲音：「趕快救我的朋友，就陷在剛剛的蜘蛛絲裡。」聽到怪聲，小光趕緊張開眼睛，眼前的蚱蜢居然對著自己說話，她不敢相信，再次仔細看了打著好笑領帶的蚱蜢，蚱蜢又重複講了一次。小光驚訝大叫：「哇！吃了這個果子就可以聽懂你說的話啊！」蚱蜢點點頭，指著剛剛蜘蛛絲的方向說，「我的朋友被抓了，我跑去救牠，結果也一起被抓了，還好妳救了我，拜託，拜託，趕快救我朋友吧！」小光趕緊起身往回跑，發現蜘蛛絲的另一邊有隻小瓢蟲，正要被蜘蛛給吃掉。小光又拿起樹枝，把瓢蟲救了出來。

瓢蟲鬆了一口氣，有氣無力的說了聲「謝謝」，說完後便像漏氣的氣球一樣坐倒在地上。蚱蜢則在一旁歡呼。小光也很高興，覺得救了兩隻昆蟲的自己很厲害。就在這個時候，小光聽到嗚嗚的一陣哭聲，循著聲音找過去，原來蜘蛛在旁邊哭。小光問，「你哭什麼呢？」

蜘蛛說：「我餓了好多天了，每天努力編好的蜘蛛網不是被強風吹壞，就是被雨滴打破，好不容易終於抓到兩個獵物，本來想先保留一個，然後再慢慢吃掉另一個，但還沒吃到，就全部被妳救走了，我已經餓到沒力氣再編網，注定要餓死了！」

小光突然覺得蜘蛛很可憐，可是蚱蜢和瓢蟲被吃也一樣很可憐。該怎麼辦呢？

邏輯思考小學堂

思考

1. 小光認為「特別的東西就會在特別的地方」，這個想法對或錯呢？
2. 小光認為：「蚱蜢給的食物，就是蚱蜢的食物。」這個想法對或錯呢？
3. 「好吃的東西一定不是壞東西。」這個想法是對還是錯呢？

解答

1. 有可能對，因為特別的食物，通常在特別的店裡才會賣。但也有可能錯，因為特別的人，通常就在人群四周，不一定在特別的地方。所以，這個推理有時對，也有時錯。因為有時「錯」，所以不能太有把握，要注意，萬一錯了會不會有什麼不良後果。但因為有時「對」，所以如果錯了沒有什麼大不了的後果，就可以試試看沒關係。

想一想，小光用這個推理去找龍，是可以？還是不可以呢？試著提出理由來支持「可以」或是「不可以」，並比較誰的理由比較合理。

2. 這個推理的可能性很高，大致上是沒有問題的。因為我們要送食物給別人，不太可能會送自己不能吃的東西，而且大多會送自己覺得好吃的食物。但是也會有例外，有時我們送東西不是依靠自己的感覺，而是依據一般大眾的評價。例如，很受大家歡迎的名產，雖然自己不喜歡吃，但也可以送人，因為別人很可能會喜歡。但也有人會把自己不想要的食物送人，也不管別人喜不喜歡，這樣就有可能會得罪別人。另外，小光的推理有個預設，就是蚱蜢送野果時，是送吃的東西。但實際上，蚱蜢心裡不一定是想著要送食物，說不定牠只是覺得那個東西很漂亮，就送給小光，這樣一來，小光把果子吃掉說不定會有危險。萬一推理錯了，就糟糕了。幸好小光運氣不錯，蚱蜢正好是要送吃的給小光。

想一想，如果別人送了像是吃的東西給我們時，在吃之前，要怎麼做會比較保險呢？

3. 這是不對的。因為有些好吃的東西其實對健康不好。像是許多零食和飲料，吃多了對健康不好。

三、挑食的蜘蛛

為了解決蜘蛛缺乏食物的難題，小光突然想到一個辦法，就跟蜘蛛說：「那你可以吃樹葉啊！因為你吃別的昆蟲，牠們也一樣很可憐！」

蜘蛛說：「蜘蛛是不吃葉子的，因為葉子沒有蛋白質啊！」

「不可以挑食啦！」突然說出這句話的小光，自己也感到很意外，因為平常都是阿珍對自己這樣說，這是她第一次有機會對別人說。小光心想，「既然都這樣說了，那以後自己也不可以挑食，不然，怎麼有資格說別人呢？」

蜘蛛回答說，這不是挑食，而是天生就不能吃葉子。

小光卻說：「你沒有嘗試過，怎麼會知道不能。說不定你吃了以後會覺得很好吃呢！」

蜘蛛：「依據本能就知道了啊，就像妳知道自己不能吃石頭一樣。」

小光想了想，不知自己究竟有沒有吃過石頭，「嗯！好像沒吃過。」她又接著說：「石頭又不是食物，當然不能吃啊。」

蜘蛛覺得小光不講理，便不再理她，繼續在旁邊哭。小光則在旁邊思考，「好像真的有些生物本能就知道哪些是不能吃的。」會這樣想，是因為她發現自己不會想要去吃書本、桌子，也不會去吃窗簾。

「那怎麼辦呢？」小光繼續思考著，蚱蜢和瓢蟲也在旁邊好奇的看著。

「啊！對了。」小光把背包拿下來，拿出便當，裡面有蛋，她剝了一小片給蜘蛛：「這個有蛋白質喔！很好吃。」

蜘蛛沒看過蛋，拿過去輕輕咬一口，「哇！好好吃！」便開心的吃起來了。小光也分給瓢蟲和蚱蜢一粒飯粒，牠們也都沒吃過，試了一小口，不約而同地說「太讚了」。

小光很高興的說：「對啊！要多嘗試不同的食物，說不定會發現很多好吃的東西喔！」這也真的是小光的生活心得，因為她很愛嘗試吃不同的東西，也發現了很多好吃的東西。當然有時也會吃到難吃的東西，不過她覺得這種嘗試是很值得的。

大家一起分享小光的便當，沒多久就把便當吃光光了。蚱蜢和瓢蟲都變胖了，蜘蛛也變成了肥蜘蛛。

吃完便當，大家都很滿足。這時，蚱蜢好奇的問小光為什麼一個人跑來水源森林。小光才想起自己是來找龍的，正好可以問問牠們有沒有見過。蚱蜢和瓢蟲都說沒見過，蜘蛛卻在旁思考沒說話。小光就又再問蜘蛛是不是有見過。

蜘蛛猶豫了一下，爬回旁邊的小樹洞裡，出來後拿著一個小卷軸，打開說道：「雖然沒見過，但有聽說過。就記錄在這個祖傳卷軸裡。」

小光很高興，終於有線索了。可是卷軸太小，看不清楚，她拿起放大鏡仔細看，只看到一個龍的圖案和一些看不懂的符號。她想：「大概是蜘蛛文吧！」蚱蜢和小瓢蟲也湊過去看，但一樣看不懂。

蜘蛛解釋：「傳說在月圓的夜晚，有一隻龍會偶爾出現在這個平地中央，見到龍的人，還可以向牠許願。不過成功或不成功，就要看龍願不願意幫忙了。」

小光說：「這麼好啊！還可以許願！那我下次等月圓晚上再來探險好了。」她想著自己有什麼願望，一時之間竟然什麼也想不到。

蜘蛛搖搖頭說：「其實，我在這裡也是為了等龍出現，因為我有一個願望想要實現，只是等了好多個月圓，都沒等到。所以說不定傳說是假的，也說不定以前龍會來，但現在不來了。」

紅領帶蚱蜢接著說：「說不定是龍出現的時間很短，不容易發現！」

小瓢蟲推理說：「也說不定那是一隻隱形龍，必須在特別的情況下才能看得見。」

小光聽了有點失望，「唉呀！真多可能啊！要找到龍真不容易。那你的願望是什麼呢？」小光想不出自己的願望，所以好奇蜘蛛有什麼願望。但就在這時，小光覺得有點頭暈，身體晃了一下，不知是不是地震。她張開眼睛，看見蜘蛛的嘴巴動了動，卻沒有發出任何聲音。

「什麼？我沒聽到！」小光靠近蜘蛛，想要聽得更清楚一點，可還是什麼也沒聽到。這時，瓢蟲飛到小光面前，也是只有嘴巴動卻沒有聲音。小光看著身邊戴著紅領帶的蚱蜢，牠比手劃腳指著便當，又指著耳朵，好像是說：「吃了別的東西後，七彩果子的效力就會消失，就無法再聽懂動物說的話了。」

小光覺得有點可惜，因為有好多問題都還沒問。她很想知道蜘蛛有什麼願望，也想知道為什麼蚱蜢要戴著那個奇怪的領帶，還有，為什麼蚱蜢和小瓢蟲是好朋友？但沒辦法，七彩果子好像只有一顆，吃了就沒有了，也不知要去哪裡找。

於是，小光只好跟大家說再見，雖然已經聽不到牠們的聲音。但還是可以揮揮手。至少，今天知道了更多龍的傳說，原來還可以許願，而且就在這個地點。她想著，「下次再來探險，說不定運氣會好一點，真的就會遇到龍了呢！」

這時，小光突然想出自己要許什麼願望，就是跟龍要很多七彩果子，這樣就可以常常和動物們說話了。雖然小光沒找到龍，但對於今天的探險還是感到非常滿意，於是她快快樂樂的走回山頂上的學校，結束了愉快又充實的探險之旅。

邏輯思考小學堂

思考

1. 小光覺得，自己做不到的事情就沒資格說別人，這個想法是對還是錯呢？那麼以下的做法，哪些可以？哪些不行？想想看為什麼。

①小花自己不用功，看見了小威也不用功，便說小威不夠用功。

②小威很愛吃零食，看見小花很愛吃零食，就批評小花亂吃零食。

2. 想想看：不喜歡吃的東西，是天生選擇適當食物的本能，還是挑食的不良習慣呢？遇到不想吃的東西，到底應不應該試試看？哪些應該試？又哪些不應該試？有沒有什麼好的方法可以區別兩者？

3. 傳說究竟是怎麼來的？究竟可不可以相信呢？有沒有可能是真的？還是都是虛構、騙人的呢？想一想，有哪些傳說可能是真的，又有哪些傳說可能是虛構的？

解答

1. ①可以。因為這比較像是單純描述客觀事實。
②不太適當。自己都做不到，當然也就不適合去批評別人。
而且就算自己做得到，也不一定可以批評他人。

2. 本能可以告訴我們需要什麼，但也可能錯誤。舉例來說，身體需要水分的時候，我們會感覺口渴，依據本能喝水是沒有問題的。但很多人在口渴的時候，比較喜歡喝可樂，喝多了卻對身體不好。所以我們不能完全依賴本能，而需要學習各種健康知識，才能養成最好的飲食習慣。

3. 傳說有可能是真實事件慢慢演變而來的，這種傳說就是真的了。但也有可能是某人編了故事後傳出來的，這種傳說就是虛構的。但是，雖然有些傳說原本是虛構的，但碰巧實際上也存在，另外，有時雖然是從真實事件傳出來，但轉述的過程發生錯誤，就變成假的了。

PART 2

哲學教室

一、知識就是力量

在小光就讀的森林學園裡，同學們最喜歡上的課就是哲學思考課。因為在這個課堂上，什麼奇怪的問題都可以問，還可以隨自己高興回答老師的問題，因為沒有標準答案，所以也不怕講錯。這個課還有一個很大的優點，就是沒有回家作業，老師頂多會叫大家回去想問題，但就算忘記想了，也沒有關係。

教哲學思考的普老師是一位很年輕的哲學家，不僅很有耐心，而且從來沒見過他生氣，唯一一次是為了趕走一隻很兇的狗，因為牠正對著幾隻剛出生的小貓吠叫。

「老師，為什麼我們要唸書？」今天的課堂上，同學小威問了這個問題。因為小威總覺得唸書很辛苦，為什麼要做這麼討厭的事情呢？

總是喜歡和小威唱反調的小花馬上搶著回答：「因為你沒唸書就會變成笨蛋啊！」

小花說完，同學們都笑了。小威不甘示弱地說：「就算變成笨蛋也沒關係啊！笨蛋也可以生活得很快樂。妳和小光不就每天都很快樂的樣子。哈哈……」

小花哼一聲，喃喃自語說道：「竟敢說我笨蛋！」

小光也說：「我才不是笨蛋。」

普老師笑了笑說：「妳們這樣推理就不對了，因為就算『所有笨蛋都很快樂』也無法推理出『所有快樂的人都是笨蛋』。所以小威這樣不算有罵妳們。」

小花聽了高興起來，就對小威做了個鬼臉。

小光也說：「我是聰明又快樂！」

「那我們現在來討論小威同學提的問題，為什麼要讀書呢？」普老師看著大家，接著說：「因為唸書就是在學習知識，知識很有用處，可以在生活上幫很多忙。像是學了算術，買東西就不用怕店員找錯錢。」

同學們都點頭贊同。阿珍也說：「學會醫學知識還可以救很多人。」小光聽了覺得很有道理，也跟著說：「學會思考就不怕推理錯誤，也就不會變笨蛋了。」一邊說邊指著小威。但是小威沒看見。

普老師讚美同學們很會舉一反三，都說得很好。

但是小威又問：「那學英文字母ABCD做什麼?學這又沒用。又不會有外國人說ABCD。」

普老師點點頭說：「ABCD這些字母本身雖然沒用，可是要先學會字母，才看得懂字母組成的英文字，像是Hello和Thank you，這樣才能跟外國人交談啊！所以有些知識是基礎，要先學會後，才能開始學有用的知識。」

小威又說：「那可不可以不要唸書，去種田就好了。」

普老師搖搖頭說：「要當農夫可不簡單。需要學習很多知識才行。不然不知何時該播種，植物生病了也不知道，就種不出好東西了。」

小威也點點頭說：「原來是這樣，生活還真麻煩。」

普老師：「很多事情的確很麻煩，可是只要忍耐一下，等到學會並且可以運用來獲得更多東西後，就會很值得了。」

小光聽了覺得很有道理，她說：「對啊！就像肚子疼的時候很不舒服，拉完就舒服了。」

小光說完，大家都笑了，普老師也笑了，而且對這個奇怪的比喻，一時也想不出該怎麼回答。

邏輯思考小學堂

思考

從「所有笨蛋都很快樂」無法推出「所有快樂的人都是笨蛋」。這是一個邏輯推理的法則。例如，從「下雨天地面會濕」，無法推出「地面濕就是有下雨」。試著思考，假設已知「這案件的殺人犯手上有被燙傷的疤痕」，推理何者正確？

①老陳手上有被燙傷的疤痕，所以老陳是這案件的殺人犯。
②老劉不是這案件的殺人犯，所以手上不會有被燙傷的疤痕。
③老王手上沒有被燙傷的疤痕，所以不是這案件的殺人犯。

解答

只有③是正確答案。其他都不一定。

二、跑不贏蝸牛的人

討論完為什麼要學習的隔天，小光吃完美味的早餐，和阿珍一起走進教室時，看見一群同學蹲在講台旁，圍起個圈圈，議論紛紛。小光很好奇，便跑過去看個究竟。原來是一隻蝸牛在地上緩慢爬行。

阿珍跟著小光走過來，看見蝸牛後，抬頭發現沒關好的窗子，做了一個推理：「昨天晚上窗子沒關好，蝸牛就爬進教室了。」

「哈哈哈！爬了一個晚上，只走了一半，真夠慢的！」小威笑著說。

「又不一定是天黑就進來，說不定是清晨才爬進來的啊！」小光不喜歡蝸牛被嘲笑，所以想幫蝸牛說話。

「對啊！你自己還不是跑很慢，還笑別人！」小花故意要和小威頂嘴。其實小威跑得並不慢，是全班第二快，只比小光慢一點而已。

小威聽了有點不高興地說：「我哪有跑很慢！」

「那要不要和蝸牛比賽看看呢？」普老師走進教室，說了這句讓大家嚇一跳的話。

小威聽了感到很奇怪，「老師要我和蝸牛賽跑嗎？」

小花聽了哈哈大笑，「對啊！你跑到一半就偷懶睡著了，然後就會被蝸牛追過去！」說完，大家都開心笑了。心裡想著：「原來普老師是在講龜兔賽跑的故事啊！」

小威搔搔頭說：「我才不會偷懶睡著，就算真的偷懶睡著，也不會睡太久，蝸牛也贏不了我！」

普老師來了之後，大家都回座位坐好了，只有小威打算和蝸牛賽跑，所以還站在講台旁邊。

普老師接著說：「不是的，不用睡著，只要讓蝸牛先走，你就永遠追不上牠了。」

大家聽了都覺得很不可思議，怎麼可能呢？

小威也搖搖頭，不相信有這種事。

於是普老師解釋：「蝸牛領先走一段路後，小威開始往前跑，同時蝸牛也繼續向前，當小威跑到剛剛蝸牛領先的地方時，蝸牛已經向前一點了，對不對？」

的確，小威趕上蝸牛原本領先的位置時，需要一段時間，在這段時間裡，蝸牛已經又往前領先走一小段路了。所以大家都點點頭。

普老師繼續說：「所以，從這裡開始，你們又繼續往前跑，當你追到蝸牛第二次領先的地方時，蝸牛又前進了。然後你們繼續往前跑。當你追到蝸牛第三次領先的地方時，蝸牛還是在前面。以此類推，不管你追到蝸牛領先的地方有幾次，牠都會在你前面，沒完沒了，所以你永遠追不上蝸牛！」

大家聽了都嚇一跳，「怎麼會這樣呢？」雖然好像有道理，可是又覺得很奇怪。

阿珍想了想，舉手發問：「老師，那是不是不管跑多快或是跑多慢，後面的人永遠趕不上先跑的人？」

普老師笑了笑，稱讚阿珍很聰明，因為依據這個推理，的確就是這樣沒錯。

小光接著說：「可是上次比賽槍還沒響，小威就偷跑，我也還是追過他了啊！」

小光說完，小威很不好意思被揭穿之前作弊想跑贏小光，結果還是輸了，就趕快跟蝸牛賽跑，從講台一邊跑到另一邊，立刻就追過蝸牛了。接著說：「老師，你推理錯了，我讓蝸牛先跑了一個晚上，還是追過它了。」

難得普老師的推理被大家一起否決了，大家看著普老師。可是普老師卻沒有不好意思的樣子，他接著說：「好！大家都證明了剛剛推理的結果是錯的，可是有人知道推理過程錯在哪裡嗎？」

大家互相看了看彼此，沒人知道，因為那個推理聽起來滿有道理的。普老師接著說：「要看出這個推理的錯誤很難，需要有高超的思考能力。但我們要知道一件事，有些推理看起來雖然很有道理，實際上卻是錯的，這種說話技巧叫做**詭辯術**。如果詭辯的主張不是太離譜的話，大部分人都會被騙。要當心！不要覺得有道理就以為一定是對的。簡單來說，**合理的不一定是正確的**。這是大家要特別記住的思考法則。」

同學們都點點頭，「原來普老師是要教大家認識詭辯術。」

阿珍對剛學到的「詭辯術」三個字很感興趣，回宿舍後便立刻上網查資料，結果看到一段更怪的內容，於是喊了出來：「什麼？白馬不是馬！」

小光在旁聽了也覺得很好玩，趕快跑過來看。螢幕上出現的是這段推理文字：

當我們說「馬」的時候，指的是馬這種「形狀」的動物。當我們說「白

馬」的時候，卻特別強調了馬的「顏色」。因為，形狀不等於顏色，所以白馬不是馬。

「哇！好好玩喔！原來白馬不是馬！」小光看了覺得很有道理，高興地喊出聲來。但是阿珍卻覺得不對，心裡想著：「白馬怎麼可能不是馬呢？白馬明明就是馬的一種啊！」可是不管怎麼想，也想不出這個推理哪裡有問題，於是阿珍就一直苦惱著。

隔天到了教室，小光馬上跟同學說：「我發現白馬不是馬！」但同學都不相信，小威還說：「還光頭不是頭勒！光頭明明也是頭。」

小花馬上反駁說：「可是南投就不是頭啊！並不是所有什麼ㄊㄡˊ都是頭！所以白馬也有可能不是馬。」

小威搖搖頭，覺得兩個說法不一樣，可是一時又說不出哪裡不一樣，所以只能拚命搖頭說：「不對！不對！不是這樣！」

「不然是怎樣？」小花很得意自己的推理讓小威無法反駁。

小光接著說：「這是我的新發現，大家聽我的推理喔！」於是小光就把昨天看到的推理說出來，講完後，很多同學都目瞪口呆，連小花和小威都突然覺得好像有點道理。

「怎麼會這樣呢？好奇怪！」小威也找不出推理哪裡有問題。

小光很得意的說：「沒錯吧！白馬不是馬！」

阿珍接著說：「這是昨天在網路上搜尋普老師說的『詭辯術』時找到的推理，既然說是詭辯術，那應該就是錯誤的推理，只是我們看不出錯在哪裡而已。」

同學們點點頭想著，「原來是這樣。」

等到普老師來了之後，大家便立刻詢問這段推理。普老師稱讚阿珍很會找資料，因為這個推理是詭辯術裡非常有名的範例。相傳是在兩千多年前，中國春秋戰國時代一位叫做公孫龍的詭辯家所創造的。有一天他騎著一匹白馬要進城，但守城門的官差不讓他進去，說馬不可以進城，所以他就推理出白馬不是馬，最後守城人辯不過他，只好讓他騎著不是馬的白馬進城了。

「但是，」普老師接著說，「當然，這是一個詭辯。這個詭辯的重點在於『**意思不同，推理有差**』。在公孫龍的推理中，『是』這個字有兩種意思，『屬於』和『等於』，如果是『等於』，那這個推理是對的，因為形狀

不等於顏色，所以白馬不等於馬。但如果解讀成『屬於』，就錯了。就算形狀和顏色不同，白馬還是可以屬於馬。所以，因為意思不同，推理起來就會不一樣。如果沒有好好區分清楚，就會以為推理很有道理。」

「原來是這樣啊。」阿珍和同學們都清楚了，覺得幸好「白馬還是馬」。可是小光卻有點不高興，因為她原本以為白馬真的不是馬，覺得這個新發現很酷，可是搞了半天，原來是錯誤的，真是不好玩。

邏輯思考小學堂

思考

1. 似是而非的推理稱之為「謬誤」，利用謬誤來論述則稱之為「詭辯」，運用詭辯的技巧就是「詭辯術」。詐騙集團通常就是利用詭辯術騙人，但騙人不一定都是壞事。例如，兵法就是在作戰時的欺敵策略。大家有沒有聽過任何詭辯術或是詐騙手法呢？請提出來和大家分享，並且討論為什麼人們會被這些騙術矇騙了？
2. 小花說：「並不是所有什麼ㄊㄡˊ都是頭！」那麼，「有沒有什麼ㄇㄚˇ不是馬呢？」

PART 3

阿育王柱探險

一、阿育王柱廣場的祕密

小光聽說「在阿育王柱裡有隱藏的電梯」。放學後，便問阿珍要不要晚上一起去探險。阿珍笑了笑說：「妳想找傳說中的電梯啊？」小光點點頭。阿珍卻說：「很多人都去找過了，但都沒找到。那一定是騙人的。」

小光卻回答：「我原本也以為是騙人的，可是下午去調查時，發現柱子頂端很乾淨，一定有人去打掃，可是又沒有樓梯可以上去，所以應該有隱藏的電梯。」

「那為什麼要晚上去呢？白天不是看得更清楚？」阿珍疑惑地問。

小光答：「白天已經看過了，找不到。所以我覺得電梯在晚上才會出現。而且晚上沒人會去那邊，所以大家才都找不到。」

阿珍想了想，覺得小光的推理很合理。雖然「**合理的不一定是正確的**」，但去看看也無妨，所以便答應了。

在五月初的校園裡，有時白天很熱，但太陽下山後，山區氣溫驟降，還會帶著幾分寒意。而這個時期，也剛好是螢火蟲滿山飛舞的日子，在夜晚的天空裡，像是千百個遊蕩的星光。

兩人趁著天還沒完全黑，帶著小手電筒，在閃爍的螢火蟲光點中，一步一步慢慢走向阿育王柱前的廣場。

阿育王柱是森林學園的重要地標。學園創辦人是一位佛教高僧，為紀念佛教大德阿育王，建造了一個寬闊的廣場，以及一根高達二十七公尺的阿育王柱。但廣場周圍沒有什麼照明，太陽下山後就會融入黑暗裡，所以晚上幾乎不會有人來這裡。

傳說中，阿育王柱裡有一座可以通往頂端的電梯，那裡不僅可以俯瞰整座山，還可以眺望遠方的台北一〇一大樓。但這只是傳說，而且不知道從哪傳出來的，也沒聽說有誰曾發現過這座電梯。

阿珍和小光走向柱子底部，打開手電筒開始仔細觀察，但沒有任何電梯的蛛絲馬跡。兩人只好走到旁邊等待，看會不會有電梯門突然打開。但等了一段時間，依然沒有動靜。

等到天色完全暗了下來，越來越多螢火蟲在天空中飛舞。雖然很美，但阿珍還是覺得有點無聊，因為她本來就不太相信這個電梯的傳說，所以也比較沒有期待，純粹只是陪小光來而已。

小光和阿珍在阿育王柱旁又站了一陣子，直到山中起霧，螢火蟲的光變得朦朦朧朧的。小光依然抱持期待等著，卻依舊等不到。慢慢地，小光也覺得無聊了，於是開始算起螢火蟲的數量，算算看阿育王柱旁的螢火蟲總共有幾隻。

「一…二…三…四…五…六…七…共有七隻。哈，又飛來一隻，一…二…三…四…五…六…七…咦？怎麼少了一隻？多來一隻應該有八隻才對啊！」小光繞著阿育王柱檢查，看看是不是有螢火蟲偷懶沒發光，找著找著都沒看到，再數一次，還是七隻。怎麼會少一隻呢？

小光跟阿珍說：「好奇怪喔，有一隻螢火蟲不見了！」

阿珍一直看著小光數螢火蟲，但她不覺得有什麼奇怪，「一定是趁妳沒注意，飛到別的地方去了。」

小光覺得不是這樣，她說：「才不是！我一直都有注意啊。會不會是電梯門突然開了一下，螢火蟲就飛進去了？」

「哈！想像力真豐富。」阿珍不相信。因為既沒看到，也沒聽到電梯門打開的聲音。但覺得實在無法跟小光講清楚，只好說：「嗯！說不定喔！那下次注意看看，如果螢火蟲不見，就趕快跟著進電梯。」

小光點點頭，覺得一定是這樣沒錯，於是說：「下次再來找好了。我要仔細看看消失的螢火蟲跑去哪裡了！」於是兩人就在夜色中慢慢走回宿舍。

第二天晚上，因為阿珍不想去了，小光只好自己去探險。這天傍晚剛下過雨，太陽下山後，不僅有螢火蟲，連小青蛙也成群從草叢中跳了出來。小光要小心每個步伐，才不會踩到牠們。但是，等了老半天，直到天色完全暗下來，還是沒等到電梯門打開，只好回宿舍了。

她邊走邊想著來廣場之前，阿珍說過的話：「阿育王柱頂端很乾淨並不是有人去打掃，而是被強風吹乾淨的。」小光覺得這個推理更合理，或許阿育王柱裡真的沒有隱藏的電梯吧！所以，小光想要放棄了，但又想到「**合理的不一定就是正確的**」，很多事情都很難說。

那就明天再來一次看看吧！

邏輯思考小學堂

思考

1. 阿珍說：「從沒有人見過這個電梯，所以這個電梯不存在。」這個推理是否正確呢？
2. 小光看見阿育王柱頂端很乾淨，就推理出有人上去打掃。這個推理是否正確呢？
3. 阿珍沒看到也沒聽到電梯門打開，所以就認定沒有發生這樣的事情，這個推理有什麼問題嗎？
4. 為什麼阿珍的推理比小光的推理更合理呢？

解答

1. 阿珍的推理有個問題：「**沒看到的不一定不存在**」。但是，如果大家都沒見過，不存在的機會是很高的。我們可以暫時主張它很可能不存在，但還是要保留一點其他的可能性。

2. 小光推理的問題是：「**原因不一定是這樣**」。雖然「有人打掃」的確是導致「很乾淨」的一種可能原因，但還有很多其他可能性。我們應該要多思考其他可能性，才不容易犯推理的錯誤。

3. 這個推理的可信度很高，因為沒看到、沒聽到，就很可能是沒有，但也不一定如此，不能完全否定其可能性，否則會有「**沒看到的就當作不存在**」的錯誤推理。

4. 學習思考其中一個很重要的部分，就是要學習去評價在不同的推理中，何者較合理。尤其是很多問題不會有標準答案，我們只能想辦法找出最合理的答案。雖然「**最合理的不一定就是正確的**」，有時正確的答案在剛開始發現時，反而不是很合理。但這種情況比較少見，最合理的又剛好是正確的情況比較容易發生。所以，經常找到最合理的答案，就會有最高的正確率。

為了解釋阿育王柱頂端很乾淨的現象，小光假設有隱藏的電梯而且有人去打掃。這個假設其實不太合理，因為如果有人去打掃，就沒必要做隱藏的電梯，而且電梯花費比較高，如果真的有人要上去打掃，做旋轉樓梯就可以了。

而阿珍認為是因為風把阿育王柱頂端吹乾淨了。這是很有可能的，因為山區的風比較大，而且柱子旁邊有廣場，不會擋到風。所以阿珍的推理感覺上更合理。

二、跟著青蛙走

隔天，小光在前往阿育王柱的路上突然下起大雨，她很快跑到廣場裡一個可以遮雨的小角落，撥掉頭髮和衣袖上的雨水，望向遠方朦朧山色，烏雲仍聚集在山頭上，雨水滴滴答答持續落下，風吹過時，濕掉的衣服傳來冷意，地面上映著的天光，慢慢跟著積水流走。

過了一陣子，雨停了，天也暗了。雨後螢火蟲變少，青蛙反而多了起來。小光走向阿育王柱，專心盯著柱子，想說就算門只有開一會兒，也不能錯過。

可是無論她怎麼看，都沒發現任何變化，今天只有一隻螢火蟲孤伶伶的在阿育王柱旁一閃一閃地飛來飛去，伴隨著青蛙「呱呱」的聲音。這個景象帶著雨水氣息的寧靜，一陣清涼微風，掀起小光內心裡的落寞回憶。

在小光很小的時候，爸媽就離婚了，而且又各自結了婚，所以他們把小光寄養在外婆家。外婆很疼愛小光，但是外婆的年紀越來越大，沒辦法好好照顧她，就讓她來這個可以住校的森林學園唸書。一開始的小光很害怕，幸好在這裡遇到比她大一歲的阿珍，像個姊姊一樣對她很好。阿珍和她不一樣，從小就很獨立，爸爸是個大企業家，希望未來阿珍可以獨當一面，繼承企業，所以讓她在這裡學習。不過阿珍對繼承家業比較沒興趣，她想當醫生，因為醫生可以救很多人。

雖然小光腦袋裡想著許多事情，但眼睛也沒忘記盯著阿育王柱。時間越晚，霧也越濃，就這樣等了一陣子，小光突然感覺到好像有奇怪的事情發生了。但一時也不知道究竟是哪裡怪怪的，她專心的看著阿育王柱表面，雖然還是沒有任何變化，可就是感覺怪怪的，究竟是怎麼一回事呢？到底哪裡不對勁？

想著想著，她突然領悟了，剛剛那隻一直在阿育王柱旁飛來飛去的螢火蟲不知何時不見了。而且如果牠飛到別的地方，小光應該會注意到，但就像之前少一隻螢火蟲一樣，憑空消失了。

小光很興奮的觀察四周，一邊尋找那隻螢火蟲，一邊尋找究竟是不是有電梯門打開，可還是什麼也看不到。小光低下頭尋找時，正好看見一隻青蛙朝阿育王柱跳過去，正要撞到時，突然不見了。接著，又一隻青蛙跳過來，也跟著消失了。小光又驚訝又興奮，跟著彎下身來，做出青蛙的姿勢，也一起叫了一聲「呱呱」，然後跟著一起跳，她在想，說不定假裝成青蛙就可以看見電梯門。可是一樣看不到。

前方又一隻青蛙在往前跳出去以後消失了，小光便跟著往前跳，這時突然有種感覺，覺得前方有個像是山洞的開口，雖然眼睛看不見，但不知為何，心裡就是這樣覺得。於是她把眼睛閉上，跟著感覺往前跳，還順便發出「呱呱」的聲音，再跳，並沒有撞到任何東西，但好像跳進一個山洞裡，空氣中那種悶悶的潮濕感不見了，轉變成清涼的氣息，落地時還有一聲空洞的回音。

小光張開眼睛，發現阿育王柱不見了，而自己正處於一個被柔和微光包圍的奇怪走道裡，前面有好幾隻青蛙正在跳躍前進。她站起來環顧四周，懷疑這是不是就是阿育王柱的電梯呢？可是又不像電梯，也沒有通往任何樓層的按鈕。她想著：「說不定這個電梯會把直的變成橫的，所以走過走道就是阿育王柱頂端。」於是小光再度模仿青蛙般蹲下，跟著牠們，「呱呱」、「呱呱」，一路跳過去。她覺得說不定這是青蛙專用通道，所以要假裝成青蛙才行。

跳出走道後，小光發現是一處看起來像咖啡廳的地方，有音樂、有樹木，還有許多桌子和椅子，也有很多動物在裡面嘰嘰喳喳。小光很開心地站起來，伸個懶腰，自言自語說：「想不到阿育王柱頂端有個這麼棒的咖啡廳。還可以跟動物們一起聽音樂。」

才剛講完，小光就聽到一個聲音：「別笨了！這裡才不是頂端，還早呢！這裡只是第一層。人類都自以為最聰明，其實最笨了。」

小光東張西望，看不到任何人，只看見旁邊的桌椅上有一隻蟋蟀、一隻青蛙和一隻螢火蟲，會是牠們說的嗎？小光沒有把握，於是大聲問：「是誰跟我說話呢？」

「不用這麼大聲啦！就在妳旁邊。笨蛋！」旁邊的蟋蟀說。

小光發現是蟋蟀在講話，感到很驚訝，她說：「哇！我怎麼又可以聽懂動物的聲音了！」

蟋蟀「哼」了一聲，不想理她。旁邊的青蛙用比較和藹的聲音解釋說：「這裡是很特別的地方，妳可以用『心』感受到別人的想法，所以可以聽到動物們在說什麼。不過，不是每個人都有這種本事，必須要感受力很強才行。如果感受力更強，甚至可以感受到宇宙真理。」

「原來這裡是這麼了不起的地方。可是第一層是什麼意思呢？難道是第一層地獄不成？」小光好奇的問。

青蛙笑著說：「第一層就是第一層的意思啊！呵呵。」

蟋蟀也跟著笑：「真笨！」

小光很不好意思，覺得自己真是問了一個笨問題（不過大概不是地獄第一層吧）。

這時，旁邊的螢火蟲好心地跟小光解釋：「妳是第一次進來，有這些疑問是很正常的。這裡是阿育王柱內的真理探索第一層，阿育王柱有很多層，究竟有幾層我們也不知道，只知道每一層都要思考一個問題，想通後，就可以進入下一層，但也不知何時才能到達頂端。我們已經在這裡很久了，還是答不出這一層的題目，所以我們正在討論。」

小光問：「是什麼問題呢？我可以加入嗎？」

青蛙和螢火蟲都說：「歡迎，請坐。」蟋蟀沒說好，但也沒說不好。於是小光就隨便找一個椅子坐了下來。

螢火蟲接著說：「這一層的題目是：『世界是由什麼組成的？』」

邏輯思考小學堂

思考

1. 阿珍未來應該聽爸爸的話接管大企業，還是努力追求當醫生的夢想呢？如果你是阿珍，你會怎麼做？理由為何？如果你是阿珍的爸爸，你覺得怎麼做最好？
2. 你覺得世界是由什麼組成的呢？不管提出什麼答案，試著思考可以用來支持和不支持的理由？

三、萬物起源

螢火蟲才剛講完，青蛙就急著發表高見：「我說世界是由水組成的，他們都不相信。因為任何東西在水裡泡得夠久，都會變成水。所以水是萬物的源頭。」

但螢火蟲說：「可是把水煮沸就變成氣體了，氣體比水更靈活、更多變，所以氣體才是組成萬物的要素。」

蟋蟀卻爭著說：「你們都只看到表面的東西，事實上，最重要的是心，有心才能認識萬物；若沒有心，一切都不存在。心才是世界的源頭，心還可以轉化成愛與恨，由愛生出萬物，由恨破壞萬物。世界就在愛與恨中循環。這才是最好的理論。」

小光哈哈一笑說：「你們都錯了啦，我知道這題的答案耶！」

青蛙、蟋蟀以及螢火蟲都很驚訝的看著小光。螢火蟲好崇拜地說：「哇！才剛來就知道答案了，怎麼這麼厲害。那答案是什麼呢？」青蛙和蟋蟀也一副想聽答案的樣子。蟋蟀剛剛才罵了小光「笨蛋」，覺得很不好意思，擔心小光不會願意跟牠分享答案。不過小光好像沒有很介意的樣子，蟋蟀就比較放心了。

被螢火蟲稱讚厲害，小光很高興，但也有點不好意思。因為答案是聽老師說的，不是自己想到的。所以她說：「沒有很厲害啦！是剛好之前聽老師說過，世界是由基本粒子組成的。」

小光說完，看見蟋蟀一副很失望的樣子，對這個答案好像很不滿意。而青蛙和螢火蟲卻是一副想笑又不好意思笑的表情。場面有點尷尬。最後青蛙說：「這是人類科學家的理論啦！科學理論不一定是對的，所以也不要太相信書本寫的，書本有時也是會錯的，還是需要自己多多思考。」

「可是這理論有什麼問題嗎？」小光好奇的問。

蟋蟀覺得這是在浪費時間，不想理小光，就跳到別桌去跟其他動物討論了。青蛙很有耐心地說：「那我問妳，這個基本粒子有沒有體積呢？」

小光想了想說：「應該有吧。」

青蛙接著說：「如果有體積的話，可以再分割嗎？」

「可以啊！」

「可以再分割還算是基本粒子嗎？」

「喔對！那不行。」

「有體積卻又不能分割，不是很奇怪嗎？」

小光覺得這樣說也滿有道理的，所以她就說：「那基本粒子應該是沒有體積的。」

但青蛙卻說：「沒有體積就是空的，既然是空的，又如何組合成各種物質呢？沒有體積的東西，再怎麼組合都不會有體積啊！」

「哇！原來是這樣。」小光很驚訝青蛙的解釋，她接著說：「之前老師說的時候，我都沒有仔細想，想不到這個理論有這麼大的問題。」

聽到新觀念後的小光很開心，於是又接著想：「可是水和氣體不都是有一樣的問題嗎？」

青蛙解釋說：「不一樣的。因為不管怎麼分割，水還是水、氣體也還是氣體。所以沒有這種問題。」

小光點點頭，想不到要通過第一層的問題就這麼困難了。於是，小光說她想回去研究研究以後再來。但要怎麼回去？又要怎麼再來呢？

這次換螢火蟲回答了，牠指著角落一團白白的霧氣說：「出去很簡單，只要走進那團霧裡，就可以離開了。但要再進來的話，就必須靠自己想辦法了。反正妳進來過一次，好好思考一下方法，再進來就容易了。」

小光點點頭，很高興今天有了新的發現。原來阿育王柱裡面有這麼有趣的地方。於是她和青蛙還有螢火蟲道別，又望著遠方的蟋蟀，想跟牠揮揮手，但蟋蟀沒在看她。一旁的螢火蟲解釋說，蟋蟀以前曾經被人類小朋友抓去玩，用一條繩子把牠跟一隻蚱蜢綁在兩端，說要比賽看誰的力氣比較大。幸好有一隻牙齒很有力的瓢蟲路過看到，趁著小朋友不注意，把繩子咬斷才救了牠們的。

聽完螢火蟲的解釋後，小光也不禁覺得那位小朋友真壞，欺負小昆蟲。突然想到之前遇到的那位戴著紅領帶的蚱蜢，還有牠的瓢蟲朋友，便說：「那是一條紅色的繩子嗎？我認識一個戴著紅領帶的蚱蜢。」小光邊說，邊覺得有昆蟲朋友是件很得意的事情。螢火蟲笑著說：「對啊！原來妳認識蚱蜢先生啊！聽說牠還一直戴著那一小段紅繩子，覺得自己看起來很帥，就不願意拿下來。不像蟋蟀恨透那條繩子了，所以牠一直很討厭人類。但是沒關係啦！以後多認識就好了。而且雖然牠一直說人很笨，但是其實很羨慕人類的聰明，牠的答案其實是去偷聽兩位法師聊天時聽到的。雖然聽起來不錯，不過好像也不對，或許是我們還無法體會吧。」

「原來如此。」小光了解了蟋蟀的心情，也知道了蚱蜢的紅領帶由來，以及為什麼蚱蜢要冒著生命危險去救小瓢蟲，原來牠們是生死之交。一下子知道了這麼多事讓小光覺得很開心，她和青蛙和螢火蟲揮揮手，跑了幾步，便跳進那團霧裡，一轉眼就落在阿育王柱旁邊，正好碰見來找她的阿珍。

因為小光出來好久都沒回去，阿珍有點擔心，便跑來找她，但卻沒看到人，正想著該怎麼辦時，小光突然從空氣中蹦出來，讓阿珍嚇了一跳。小光便把剛剛發生的事跟阿珍說，阿珍覺得好神奇。小光提議要帶阿珍進去看看，可是門可能已經關了，試了好多方法都無法再進去，而且，小光也感覺不到那個山洞般的入口了。阿珍說：「沒關係，我們好好想想，究竟門會在什麼情況下打開，以後再找時間過來探險吧！」

邏輯思考小學堂

思考

1. 科學一定正確嗎？
2. 蚱蜢和蟋蟀都遇到倒楣的事情，但面對的方式卻不同，哪一種面對方式的生活，會比較幸福快樂呢？為什麼？

解答

1. 通常科學理論都會有證據可支持，是很值得信賴的知識，我們也可以暫時相信科學理論。但是，科學理論卻不一定是對的，我們還是要保持一種說不定未來會發現「它是錯的」這樣的想法。例如，假設過去樂透開獎出現二十五這個數字後的下一期就會出現八，而且毫無例外。我們就會推測未來也會這樣。假設上一期樂透又出現二十五了，我們就會預測這期會出現八。假設這期真的出現八，讓這個理論預測成功，我們自然就會更相信這個理論。但這並不保證未來一定會繼續如此。也就是說，**就算以前和現在都這樣，也不代表未來還是一樣。**

2. 像是蚱蜢這樣，從倒楣的事情中尋找生活的樂趣，並用一種較為正面的態度去面對，會給生活帶來更多的幸福與快樂。這是一種具有智慧的生活藝術。但是這並不容易做到，因為憤怒會讓我們放不下，訓練把憤怒放下，就是一種了不起的成長了。

四、爲何青蛙不叫青歪？

到阿育王柱探險後的隔天，普老師才剛進教室，小光就迫不及待地發表意見：「老師，基本粒子的理論是錯的。」

普老師聽了微笑問道：「為什麼這麼說呢？」

小光很快就把青蛙的推理說出來：「因為基本粒子沒有體積，沒有體積的東西怎麼組合都沒有體積，所以宇宙不是由基本粒子組成的。」

普老師聽完很驚訝的鼓掌：「哇！能想到這個推理真了不起，不過，沒有體積的東西不一定就無法組成有體積的東西喔！」

小光回答：「不行啊！青蛙先生說的對，沒有體積就是空的，所以不管怎麼堆都堆不出東西啊！」

普老師不知道青蛙先生是誰，不過這並不重要，所以沒問。阿珍知道，但不知該怎麼解釋小光的奇遇，而且說出來大家也不會相信，所以也沒說。但其他同學們卻很好奇，正當小花要問青蛙先生是誰時，卻聽到小威說：「青蛙哪懂啊！」

聽到小威這樣說，喜歡和小威頂嘴的小花就立刻改口說：「青歪也比你聰明！」小花不小心把「青蛙」說成「青歪」，結果大家都笑了。小威笑得最開心，指著小花說：「青歪是妳的好朋友喔？」

小花臉紅得不知該說什麼。

遇到這種情況，普老師趕緊打圓場說：「沒關係，我也常把『青蛙』說成『青歪』，而且『青歪』這個名字反而比較好聽。我常在想，青蛙為什麼不乾脆叫青歪呢？有誰想得出答案嗎？」

阿珍知道普老師想轉移話題來化解小花的尷尬，所以隨意想個解答，很快舉手說：「因為青蛙叫聲是呱、呱、呱，『呱』跟『蛙』聲音比較接近，所以才叫『青蛙』，而不叫做『青歪』。」

「那叫『青呱』就好了啊！」小威插嘴說。

「那不就會被誤認為是像木瓜一樣，可以吃的東西。」小光很快就想到吃的方面。

小花接著推理說：「為了避免被誤會是吃的東西，所以不叫『青呱』，而是取相似的音變成『青蛙』。」

普老師點點頭說：「很不錯！大家想出一個很合理的答案。說不定真的是這樣。但是要記住什麼呢？」

「**合理的不一定是正確的。**」同學一起回答。

普老師很滿意地微笑點頭，「沒錯，還是要繼續思考會不會是錯的。」

「那我們回來討論小光的問題。」普老師接著說：「就算沒有體積，如果基本粒子互相繞行而又無法被穿透時，不就組成體積了嗎？」

「哇！」大家突然覺得這個理論好有趣！

小花問：「真的是這樣嗎？」

普老師說：「目前科學家的確這樣認為，但基本粒子究竟有沒有體積還不確定。也有理論主張基本粒子就像一條震動的吉他弦，正播放著宇宙的交響樂。」

大家聽了都好嚮往，覺得基本粒子的理論真好玩。

普老師接著說：「那麼，我們今天要來思考一個類似的問題：『**宇宙是怎麼開始的？**』」

聽到這個問題，阿珍馬上舉手：「老師！我知道，宇宙是從一個大爆炸開始的。」

普老師點頭說好，接著問：「那妳覺得大爆炸是怎麼發生的呢？」

阿珍想了想，覺得之前在書裡好像看過，大概是「大爆炸沒有原因」，但又不太有把握，因為這樣很奇怪。正當她還在思考時，一樣在書裡面看過這段內容的小威舉手發言：「大爆炸沒有原因，是自己發生的。」

普老師點頭微笑，又問：「可是，為什麼其他事物的發生都有原因，但是大爆炸的發生卻沒有原因？這樣會不會很奇怪？」

阿珍點點頭，因為她也覺得很奇怪，小威也突然感到怪怪的。可是小光卻覺得很正常，她舉手說：「因為大爆炸是起頭，起頭當然沒有原因啊！不然就不叫做起頭了。」

普老師笑著說：「哈哈，這樣聽起來很有道理！」聽到普老師這樣說，小光覺得很高興，又很得意。可是普老師接著問：「可是妳怎麼知道大爆炸是起頭呢？」小光很快地回答：「因為它沒有原因啊！」說了這句話，連小光自己都覺得不知道哪裡怪怪的，雖然聽起來好像很有道理，可是又覺得不太對。

同學們也都有這種感覺，於是大家一起笑了出來。普老師卻一副不知該怎麼解釋的神情。

這時，一向害羞很少說話的佳佳舉手說：「媽媽之前跟我說，是神創造了這個世界。所以，大爆炸會不會是神製造的呢？」

小威聽了卻嘲笑她說：「哈！什麼神不神的，真迷信。」

愛跟小威頂嘴的小花聽了很不高興，便說：「你又沒辦法證明神不存在，怎麼可以說別人迷信。」

小威聽了也反駁：「那妳證明神存在給我看啊！」

小花聽完站起來，兩手伸長要去抓小威，一邊說：「我就是神！我要來懲罰你！」

小威不甘示弱：「什麼神，妳比較像鬼啦！」

小花聽了生氣地說：「亂說鬼，小心鬼晚上跑來找你。」

小威很怕鬼，聽到她這樣說以後，突然有點擔心。

這時普老師插話說：「目前科學家還在研究究竟宇宙真正的起源是什麼，還沒有確定的答案，剛剛佳佳同學說的也是有可能的，說不定宇宙真的是神創造的。不過，剛剛講到的鬼只是傳說，並不存在。所以大家不用擔心會遇到鬼。」

小光聽了覺得很奇怪，因為她聽很多人說過有看見鬼，就私下跟阿珍說：「我覺得鬼是存在的。」阿珍卻搖搖頭，因為阿珍也覺得沒有鬼。

這時，小花舉手說：「老師，可是我弟弟說他見過鬼耶！就躲在他的衣櫥裡面。」

這時普老師笑著說道：「這種目擊事件應該都只是因為害怕而導致的錯覺！」

大家想著，「原來是這樣。那以後就不用擔心看見鬼了。」但小光還是有點不太相信，心裡想著，「下次要去鬼屋探險。」

邏輯思考小學堂

思考

1. 當有人因為說錯話而感到很尷尬時，怎麼回應最好呢？
2. 小光說：「因為大爆炸是起頭，所以沒有原因。」又說：「因為大爆炸沒有原因，所以是起頭。」這樣的推理有什麼問題呢？
3. 用神去解釋大爆炸的發生，是不是比主張大爆炸沒有原因來得更好呢？
4. 小威無法證明神不存在，是不是就不能說別人迷信？

5. 小花沒辦法證明神存在，是否就代表神不存在？

解答

1. 很多人都以為當作沒聽到是最好的做法，但除非錯得很不明顯，否則假裝沒聽到並不好，還是會讓人覺得很尷尬。比較好的方法是直接跟對方說：「沒關係不用介意，因為我也常常不小心說錯話。」這樣說效果比較好，也會讓人覺得比較貼心。而且這也是事實，每個人都會有不小心說錯話的時候，自己不想被人嘲笑，就不要去嘲笑別人。這是維持友好關係的小技巧。多學習各種和人相處的技巧，人緣就會比較好，生活自然會比較快樂。
2. 這是一種稱之為「循環支持的謬誤」。用A去支持B，又用B來支持A。例如，小威：「我是最偉大的預言家。」小花問：「為什麼？」小威：「因為我說的都是對的？」小花：「為什麼你說的都是對的？」小威：「因為我是最偉大的預言家。」

3. 其實不會更好。因為會遇到一樣的問題，我們一樣可以問：「神是怎麼來的？」這時還是會遇到「神的存在是否有原因」的問題。

4. 如果沒有很好的理由去相信某個宗教的神奇事物存在，而且這種信仰可能會導致不良後果時，就可以算是一種迷信了。所以，假設小威看到別人有這類信仰，就可以說是迷信，不需要證明那樣事物不存在。

5. 看不見的、目前無法證明的，都不一定不存在。主張「無法證明的事物就一定不存在」犯了訴諸無知的謬誤。

PART 4

文物館的鬼

一、哇！有鬼！

就在母親節過後沒多久，山上的螢火蟲也逐漸稀疏的某一天早晨，正當小光和阿珍一起走進教室時，突然聽到教室裡傳來一句話：「真的有鬼耶！」原來好幾個同學正聚在角落裡熱烈討論著，小光很感興趣，趕緊跑過去問個究竟。

原來昨天小威惡作劇害同學跌倒，下課後被老師找去談話，要離開的時候已經傍晚了，他聽到廢棄的地下室有奇怪的聲音，以為是同學在裡面玩，就跑下去看。結果竟然看見一個鬼。

小威嚇到跑出來喊著：「有鬼！有鬼！」這時小花和佳佳正好路過，聽到小威喊著「有鬼」時都覺得很可怕，可是她們又很好奇，也有點不太相信，因為普老師不久前才說過鬼不存在，所以就要小威帶她們去看，結果還真的看到了。大家都嚇得趕快跑回宿舍。

「我也要去看！」小光沒見過鬼，雖然也會害怕，可是還是很想看。

小威回答說：「好啊！下課後帶妳去看。」接著說：「這世界真的有鬼。」喜歡和小威頂嘴的小花這次卻沒頂嘴，而且還附和說：「對啊！普老師之前說鬼不存在是不對的。」佳佳也在旁邊一直點頭，還下定決心說：「我也要再去一次。」但其他同學都搖搖頭，就算真的有鬼也寧願不要看，不然會嚇到不敢睡覺。

「那個鬼長什麼樣子？為什麼知道那是鬼呢？」既聰明又很會思考的阿珍不太相信，想問得更仔細一點。

小花：「那個鬼有長頭髮，把臉蓋住了，還穿一身白色的衣服。」

「為什麼鬼要穿白色衣服啊？」阿珍接著問。

小花不知道，搖搖頭。小威接著說：「那是因為人過世後就穿白色衣服啊！所以鬼就穿著過世時穿的白色衣服。」

「這樣就很奇怪了啊！」阿珍說。

大家不知道為什麼這樣很奇怪，因為鬼不都是這樣的嗎？所以小光問：「為什麼這樣很奇怪呢？」

阿珍回答說：「我在一本書裡面有看過一個推理：如果有人說他看見穿著原本衣服的鬼，那這個人若不是看錯，就是在騙人。因為這是不合理的事情。」

大家你看我我看你，都不了解為什麼這樣不合理。於是阿珍解釋：「那我問你們，鬼是不是人的靈魂？」

大家都點點頭。

「靈魂可以穿牆嗎？」阿珍又問。

大家繼續點頭。因為書裡和電影裡都是這樣說的。

「會穿牆的靈魂當然是不能穿一般的衣服囉！不然衣服無法跟著穿過去。沒錯吧？」

大家覺得這樣說很有道理。但小威不太贊同，「可是鬼穿牆時，偶爾也會把衣服留在牆的這邊。那樣就代表鬼穿一般的衣服了。」

阿珍微笑說：「這樣也很奇怪。因為如果衣服無法穿牆，但鬼可以穿牆，那衣服也沒辦法穿在鬼身上了，一定會掉在地上。」

小威想想覺得有道理，以前都沒想過電影這樣演其實很奇怪。

阿珍接著說：「所以如果鬼穿著和生前一樣的衣服，而且這衣服又不是一般的衣服，就表示鬼穿的是原本衣服的靈魂。也就是說，人死變鬼的時候，衣服也跟著死了變成衣服的靈魂。這樣合理嗎？」

「哇！原來是這樣。」小光聽懂了，非常高興，覺得阿珍好厲害，便鼓掌歡呼說：「因為鬼的衣服要能不掉下來，或是要跟著穿牆的話，就必須是鬼衣服，但因為衣服沒有靈魂，不會變鬼，所以這樣是不合理的。」

「可是為什麼我們會看到鬼呢？不會是大家都看錯了吧！」佳佳感到非常疑惑。

「我猜想，可能是有人假扮鬼吧！」阿珍做出了推理。

「太壞了！要把他捉出來，踢到水溝裡。」小光生氣的說。

這時小威趕緊說：「也不一定就是這樣啦，**合理的不一定就是正確的**。也說不定真的有專門給鬼穿的衣服啊！」

「對啊！對啊！昨天看到的鬼不像是人假裝的。而且，說不定衣服真的也有靈魂。」小花附和著。佳佳也點點頭。

邏輯思考小學堂

思考

1. 這世界真的有鬼存在嗎？鬼會害人嗎？有沒有聽過任何傳說

或理論呢？有沒有什麼好的理由主張鬼存在或不存在？

2. 阿珍的推理是否合理呢？

3. 如果有鬼存在，是不是也有專門給鬼穿的鬼衣服呢？

解答

1. 有很多人都說曾經看見過鬼，但事實上，目前沒有很好的證據可以證明鬼存在。就像普老師說的，大多的目擊事件都是因為恐懼、看錯、幻覺或只是自己的想像。針對聽過的傳說，可以仔細想一想，那些說法有沒有可能是看錯呢？

另外，目前也沒有任何證據證明鬼會害人，理由其實很簡單，如果鬼真的會害人，那警察就不用去抓殺人犯了，因為被殺害的鬼一定會報仇啊！但實際上這種事根本就無法證明有發生過，類似的傳言也都無法證實，或只是牽強附會的巧合。所以，相信鬼存在，實際上是一種迷信。

而且，這種迷信並不好。因為有人登山迷路後，晚上可能會不敢到樹林裡避風，因為怕裡面有鬼，但這樣會降低存活的機會。

當然，**「合理的不一定就是正確的」**，雖然目前「鬼不存在」是比較合理的觀點，但還是要抱持一種開放的態度，當有人提出新的想法，或是新的證據而主張鬼存在時，不要直接否定，而是要好好仔細聆聽與思考，以免錯過發現新事物的機會。

2. 阿珍的推理來自於一本古書《世說新語》中的「阮修無鬼論」。其大意是說：如果鬼穿著生前的衣服，就表示衣服有也靈魂，但這不合理。所以看見鬼穿著生前衣服的目擊事件都不是真的。然而，雖然不合理的很可能是錯的，但也並非一定是錯的。會不會衣服也真的有靈魂呢？的確有哲學家主張萬事萬物都有靈魂，大至星球、銀河，小至細菌、沙土，甚至原子都有靈魂。這個主張稱之為「萬物有靈論」，也叫做「泛靈論」。這種主張有個很麻煩的問題在於，一大堆物質所構成的人的身體，到底有幾個靈魂？如果有很多個，為什麼我們覺得自己只有一個？而且當我吐出口水，是不是口水就會有自己的靈魂了呢？

3. 鬼如果是靈魂的話，應該是沒有形體的，既然沒有形體，怎麼會需要衣服呢？其實看見鬼本身就已經是很離譜的事情了。所以，鬼就算存在，也不可能看得見。或許有些人真的看見鬼，但這應該只是自己的幻覺。如果真的有人有陰陽眼，那找幾個有陰陽眼的人，前去有鬼出沒的地方，在彼此沒有交談的情況下，能描述出一樣的鬼，就有可能可以證明真的有鬼了。但目前並沒有這樣的實驗可以證明。

二、探險隊出發

看見小花這麼相信有鬼，阿珍覺得有點奇怪，因為平常小花都和小威唱反調，怎麼今天這麼支持他呢？而且佳佳好像也很相信，難道那個鬼這麼像真鬼嗎？阿珍又看著平常喜歡惡作劇的小威很緊張的樣子，便跟著說：「對啦！也說不定真的有鬼。」一邊說便注意看著小威的反應，接著又說：「不過如果有人裝鬼嚇人，那應該要好好反省才對。」

小威聽了卻擺出一副很生氣的樣子，兩手插腰說：「才沒人裝鬼哩！」

小光很想看鬼，就提議說：「那我們今天去看仔細一點，看是不是有人裝的好了。」阿珍點點頭，佳佳鼓掌說好。小花和小威也贊成。

阿珍覺得，好多事情都怪怪的，因為平時佳佳膽子最小，可是又好像特別想去看鬼。尤其小威的表情像是很心虛的樣子，她覺得應該是愛惡作劇的小威扮鬼嚇人，所以決定要把事情調查清楚。

午休時間，阿珍趁著大家沒注意的時候跑去問佳佳：「妳看到鬼的時候，小威在哪裡呢？會不會是他假扮的？」佳佳說她一直跟著小威，還一起跑出來，所以小威從頭到尾都在她前面或旁邊，跑出來後，三個人就直接跑回宿舍了。所以鬼不會是小威假扮的。

阿珍聽完點點頭，想著，如果佳佳沒騙人的話，那就真的不是小威假扮的了。但佳佳會騙人嗎？好像也想不出她為什麼要騙人。阿珍想了想，還是想不明白。「難道真的有鬼嗎？」阿珍也感到疑惑了。

到了放學時間，大家約好一起去地下室看看鬼還會不會再出現。

地下室平時沒有人在使用，是一個荒廢的空間。據說以前這裡是放置許多古文物的展覽廳，後來古文物都移到新蓋的文物館後，這裡就廢棄了。說不定有些古文物上附著鬼，沒有跟著離開，還一直待在那裡。

小威帶頭，小光和阿珍跟在後面，最後則是佳佳和小花，五人小心翼翼地走下樓梯，身影逐漸融入黑暗中。裡面只剩從小氣窗映照下來的昏暗光芒，這是夕陽下山後，釋放到空氣中的最後餘暉。

他們緩慢前進，不敢發出聲音，深怕驚嚇到什麼，也或許根本就怕驚嚇到自己。走了一會兒，在安靜而且氣氛緊繃的空間裡，突然傳來窸窸窣窣的腳步聲，聽到聲音，大家都嚇到不敢動，聲音卻越來越近了，過沒多久，真的有一個白衣長髮的鬼在不遠的前方出現，朝他們走了過來。

「啊～～」不知道是誰的尖叫聲，大家嚇得趕緊轉身往後跑，很快就離開了地下室，但他們還是很害怕，所以繼續跑，跑到更遠的地方才停下腳步。五人氣喘吁吁的說要趕快回宿舍。小光雖然很害怕，可她也很興奮，因為她終於見到鬼了。

在回宿舍的路上，佳佳反而是最高興的。阿珍想：「或許越是膽小的人，在克服恐懼之後，就越有成就感吧！」走到半路，阿珍突然說有東西忘在教室裡了，就拉著小光要回去拿東西。小光擔心鬼會跑去教室，有點害怕，可是還是提起勇氣決定和阿珍一起回教室，不然阿珍自己一個人碰到鬼就太可憐了。

小光陪著阿珍往回走的路上，阿珍告訴小光說自己其實並沒有忘記東西，而是想了想以後覺得不太對，因為「鬼走路怎麼會發出聲音呢」？她還是覺得是有人假扮的，所以想回去調查看看。小光聽了很感興趣，因為她最喜歡「調查」和「探險」了。

兩人一路往回走，注意著有沒有人走過來，如果有，很可能就是扮鬼的人。但都沒有遇見任何人。所以，她們就在一個可以遠遠看見地下室入口處的地方躲起來，等待假扮鬼的同學從裡面走出來。

等著等著，小光覺得餓了，肚子開始咕嚕咕嚕叫，可還是沒人。阿珍想，「如果有人扮鬼，應該不會在裡面躲這麼久，因為現在不會有人去地下室了。難道真的有鬼不成？」阿珍還是不太相信。

「小光，敢再進去一次嗎？」阿珍突然表情嚴肅地問了這句話，顯示阿珍其實也很害怕。

這時只剩下她們兩個人，而且天色完全暗了下來，看起來比剛剛更可怕了。小光想了想，覺得實在很可怕，可是阿珍似乎很想再進去看看，如果不陪她去，她大概也不敢一個人去吧！於是小光下定決心：「好！再進去看看。反正這個鬼好像也不會害人。」雖然是阿珍提議要再進去，但其實小光比阿珍更勇敢，因為阿珍始終不相信有鬼，小光卻覺得裡面真的有一個鬼。

兩人慢慢地走到地下室，小光自告奮勇走前面，她壓抑內心的恐懼，小心地不要發出聲音，因為她知道鬼出現之前，會有摩擦地面的腳步聲，只要聽到聲音，就知道鬼要出現了，到時再跑還來得及。

才走了一小段路，她們就發現前方不遠的地上，有一團白色的東西。走在前面的小光有點害怕，便停了下來，她想著：「這個鬼是不是躺在地上睡著了呢？」這時阿珍卻大膽地越過小光往前走，蹲下身去，拿起那團白色的

東西，原來是一件白袍，阿珍再往地上一摸，拿起一束長長的假髮，她轉過身來跟小光說：「真的是有人假扮的，可是人已經走了。」

小光緊張的情緒終於鬆懈下來，長長的呼了一口氣，露出笑容，「哈！原來是這樣，嚇死人了！」知道是人假扮的，小光雖然比較放心了，但也覺得有點失望，因為這樣自己就又沒見過鬼了。

阿珍把東西放回原地，兩人慢慢走了出來。揭穿騙局後，阿珍覺得很高興，正準備要和小光去餐廳吃飯時，看見遠方有人走了過來。阿珍要小光一起先到旁邊的角落躲起來。

邏輯思考小學堂

思考

1. 阿珍認為，「越是膽小的人，在克服恐懼之後，就越有成就感。」真的是這樣嗎？那麼，當遇到越困難的障礙時，如果能夠克服並且戰勝難關，是不是也越有成就感？但如果努力後卻無法克服，會不會有挫折感？

2. 因為上次鬼出現時發出聲音，所以小光認為未來鬼出現時都會發出聲音。這樣的推理有什麼問題呢？

3. 小光和阿珍雖然再次走進去調查，但是卻還是很害怕，這樣算是勇敢嗎？

解答

1. 克服越大的困難，的確就越有成就感。但如果失敗了，也確實會有挫折感。但如果害怕挫折就不願努力嘗試，雖然可以少點失敗的煩惱，但快樂也會減少。如果要選擇多采多姿的生活，就應該多嘗試挑戰一些值得挑戰的事情。如果失敗了，可以培養出一種不要過度在意的心態，人生就更完美了。但要如何培養這種能力呢？請大家想一想，並提出自己的看法。

2. 這個推理的問題是「**以前這樣不代表現在也這樣**」。我們可以參考過去的經驗來推理未來，但不能完全依照過去的經驗推理，以為未來會一直和過去一樣。這種錯誤推理叫做「**以偏概全的謬誤**」。

3. 勇敢有兩種。第一種是不會害怕，也就是所謂的「勇者無懼」。第二種勇敢是「**就算害怕還是勇往直前**」。在訓練自己的膽量時，我們最需要第二種勇敢。只要理智上知道不危險、值得做，即使害怕，也勇敢前進。就像參加各種比賽時，都會感到害怕，但就算害怕，還是盡力完成；或是做錯了什麼事情時，會害怕被責罵，但就算害怕，還是承認自己犯錯。這就是勇敢。具備第二種勇敢之後，就可以慢慢培養出第一種勇敢了。

三、誰會是鬼？

阿珍和小光躲在一旁，看見小威和小花一起走進地下室。兩人出來時，小花手上多了一個袋子。等到兩人走遠了。阿珍對小光說：「原來是他們假扮的，難怪道具丟在地上沒帶走。」可是小光覺得很奇怪，她說：「他們跟我們一起下去，又一起出來，怎麼有辦法扮鬼呢？尤其是小威，他從頭尾到都走在最前面啊。」

「扮鬼的人是小花。」阿珍接著解釋說，「地下室旁邊有一個叉路，因為小花走在最後面，她可以在我們都沒注意的情況下從叉路繞到前面扮鬼。當我們被嚇到往回跑時，她就直接把道具丟在地上，跟著我們一起跑出來。由於當時很慌亂，所以不會注意到誰先出來，誰比較晚出來。」

小光覺得很有道理，覺得阿珍真是厲害。可是想了一想又覺得不對，「可是小威第一次看見鬼時，跑出來正好遇見小花和佳佳，那小花沒辦法扮鬼啊！」

阿珍解釋說：「其實小威一開始就沒看見鬼，小威和小花串通好要騙佳佳，所以算好時間，小花帶著佳佳過來，假裝恰巧碰見小威說有鬼，三人再一起去看鬼。接著用我剛剛說的方法，讓佳佳以為有鬼。」

一切的解釋都很完整了。小光覺得阿珍好會推理，非常羨慕，希望也學會這種推理能力。她接著說：「可惡的小威！最愛惡作劇了，這次還跟小花串通起來騙人，真是可惡。」

阿珍說：「對啊！真是可惡！可是……不知道為什麼小花會跟他一起惡作劇？」

小光：「會不會是佳佳得罪了小花呢？可是看起來也不太像。還是因為佳佳最膽小、最好騙？」

阿珍也想不明白，所以搖搖頭先不去想了，兩人累了半天，肚子很餓，趕快跑去餐廳吃東西。

隔天到教室的路上，阿珍提醒小光：「這個事情還要再調查一下，不知道他們扮鬼騙人的動機是什麼，最好不要輕率下結論，因為普老師說過，不管針對什麼問題做出什麼猜想，心裡都要想著『**原因不一定是這樣！**』所以先不要揭穿他們。」

小光覺得很有道理，點頭說好。

到了教室，聽到佳佳說還要再去一次，小威也答應了。佳佳看見小光走了過來，便問小光要不要一起去，因為多一點人才不會太可怕。但小光卻很快地說：「我才不要去受騙呢！」不小心說溜了嘴，小光趕緊用手把嘴巴摀起來。佳佳卻說：「那不是騙人的啦！妳昨天不是也看見了嗎？」小光不知該如何回答，只好說：「我隨便說說的啦！」佳佳便滿意地不再追問了。

當天下課後，小光和阿珍回到宿舍，小光問：「他們今天還要再去找鬼，我們真的不去揭穿騙局嗎？」

阿珍笑了笑回答說：「不要了，因為佳佳有很重要的事情要問鬼啊！」

小光聽到阿珍這樣說，覺得很奇怪，但也很得意的笑了笑說：「反正沒關係，我今天給佳佳一顆棒球，叫她看見鬼就丟過去，這樣就知道是真是假了。哈哈，到時小威和小花就會露出馬腳了。」

阿珍聽完，臉色沉重地說：「糟糕！」

小光好奇地問：「這樣不好嗎？要給騙人的傢伙吃點苦頭啊！誰叫他們裝鬼嚇人！」

阿珍說：「平時小威喜歡惡作劇，他裝鬼不奇怪，可是小花會幫他卻很奇怪。所以我偷偷問小花為什麼要這麼做？原來他們是要幫忙佳佳。」

「啊？什麼？」小光感到很驚訝，無法理解。

阿珍解釋說：「前一陣子佳佳的媽媽過世時，佳佳很難過，覺得以後再也看不見媽媽了。可是她的爸爸跟她說，人死後會變成鬼，當鬼很逍遙自在，所以媽媽以後還會回來看她。這樣佳佳才不會這麼傷心，而且還很期待。可是之前上課時，普老師說鬼不存在，佳佳又變得很難過。所以小威和小花才假扮鬼要讓佳佳開心起來。而且佳佳還想要問鬼：『媽媽什麼時候會回來？』但之前都因為太害怕沒有問，今天打算鼓起勇氣去問。」

小光恍然大悟，原來小威和小花是為了要讓佳佳開心起來才扮鬼的，不是要嚇人。之前錯怪他們了。果然，沒有好好思考就做出判斷，是很容易想錯的。

「糟糕！」小光突然想起佳佳正要拿棒球去丟鬼，於是說：「萬一佳佳知道鬼是人假扮的怎麼辦？」

阿珍回答：「那我們趕快去阻止她這麼做吧！」於是兩人趕緊跑出宿舍。阿珍接著說：「小光，妳跑得比較快，先過去，不用等我。」

「好！」小光應了一下便全力衝刺。

這個時候，小花和小威正在地下室裡討論怎麼做比較適當。小花說：「這樣騙下去也不是辦法，乾脆說出真相好了。不然，萬一被佳佳知道我們騙她，說不定會更難過。」

小威：「不行啦！現在說出真相一樣很糟糕。」

小花：「那怎麼辦？」

小威想了想：「那就不要再假扮好了。就說鬼不見了。」

小花：「可是這樣佳佳還會一直過來等鬼出現。」

小威點點頭，又想了一下：「不然我們就再假裝一次，這次如果她還是不敢問，我就幫她問，然後妳就跟她說：『她的媽媽一定會回來看她。』這樣好不好？」

小花也覺得這樣比較好，就點頭答應了。

於是小花又扮起鬼來，小威走去和佳佳約好的地方，帶著佳佳一起過來。但沒注意到佳佳手裡拿著一顆棒球。

想去阻止佳佳拿球丟鬼的小光在奔跑的半路上，突然聽到一個奇怪的聲音，好像有人在哭，需要幫忙。她想，「不管了，現在很緊急，要趕快過去才行。」可是這個聲音聽起來很緊急，小光感覺到似乎有什麼非常重要的事情。她只好停下腳步，循著聲音傳來的方向，緩緩走進另一棟建築物裡。小光覺得應該先調查看看，究竟裡面是不是發生了什麼更嚴重的事情，而且她認為阿珍應該也趕得及阻止佳佳才對。

但是，剛從宿舍出發時，阿珍看到小光跑很快，一溜煙就不見了，她很放心，覺得小光一定趕得上。所以自己就慢慢跑過來。但跑到可以遠遠看見教室的轉角時，卻看見小威和佳佳一起走進地下室，心想，「奇怪！小光沒有攔到他們嗎？究竟跑哪去了呢？」她趕緊用力喊了一聲：「喂！」但沒人聽見。只好加快腳步追過去。

邏輯思考小學堂

思考

如果發現有人做了不該做的事情之後，是不是應該馬上揭穿別人呢？

解答

如果事情很嚴重，而且很緊急，應該盡快告訴可以阻止的人來協助，像是跟老師說，或是跟警察說。但如果不是很急迫的事情，可以先觀察看看，了解一下事情的來龍去脈再思考怎麼做最好。

四、騙局揭穿

小威帶著佳佳走進地下室後，便看見小花假扮的鬼在不遠的前方。佳佳鼓起勇氣大聲喊著：「你認識我媽媽嗎？」撩起的回音還在地下室嗡嗡響著。假扮鬼的小花拉低嗓門，緩慢地說：「認識啊！可是她現在還不能……啊～～」

看見佳佳拿起棒球要丟她，小花嚇到叫了出來，並把雙手檔在前面。佳佳馬上發現，原來鬼是小花假扮的。她失望地放下棒球，轉頭過來看著小威說：「原來小光說的是真的，這是騙人的，鬼是不存在的。」佳佳原本很生氣，但想了想，知道同學都是為了她好，可是還是掩不住失望的神情。想到以後都見不到媽媽了，突然流下眼淚，哭了起來。

小花脫下裝鬼的道具，走過來想要安慰她，但不知道要說些什麼。這時，阿珍也跑了進來，看見小花已經沒有扮鬼了，知道自己慢了一步。她看著傷心的佳佳，只好走過去握著她的手，但也不知怎麼安慰她。

這時，流著眼淚的佳佳抬起頭來看著他們三人，突然嘴巴張得大大的，一臉驚訝地指著他們三人的後面。三人立刻回頭，看見另一個鬼緩慢地走了過來。

小花嚇到往後跳，佳佳直盯著鬼愣住了，阿珍和小威卻注意到，白衣下面的鞋子有一點點螢光，在黑暗中特別明顯，看起來……像是小光的那雙綠色NIKE運動鞋，原來這個鬼是小光假扮的。阿珍想：「原來小光躲在旁邊，拿了小花的白袍和假髮扮成鬼，小光真聰明。」

但是，過沒多久，佳佳也看到白衣底下的運動鞋了，她說：「小光，謝謝妳。我知道妳們都是為了我好，可是想到以後都見不到媽媽了，我還是好難過。」

這個時候，鬼發出了聲音，而且這個聲音讓大家都嚇了一跳，因為那不是小光的聲音。佳佳最驚訝，因為這正是她媽媽的聲音：「佳佳，不用難過，我會一直在天上看著妳長大的。每個人都只是短暫活在世界上，未來死後都會回到天上，以後我們就可以繼續在一起了。」鬼接著說：「正好發現這位小光同學，因為她很特別，我才能跟妳說幾句話，但也只能說這麼多了，看到妳有這麼多心地善良的好同學，我就放心了。妳要快快樂樂過生活，這樣我才會開心。好嗎？」

佳佳流著淚，拚命點頭，並且哭著衝過去抱住那個鬼。大家都感動的流下淚來。一會兒，鬼坐倒在地上，阿珍跑過去扶著，摘下假髮，發現的確是小光。小光也逐漸醒了過來，便問：「佳佳有跟她的媽媽說到話嗎？」

佳佳噙著眼淚，點點頭。小光覺得很開心，跳起來歡呼說：「她說只有我聽得到她的聲音，要我幫忙，所以就跟她一起過來。可是，她剛剛說話你們都聽不到，我看情形不對就只好假扮鬼了。哈哈。對了，後來妳們是怎麼聽到的？」

原來，小光不知道發生了什麼事。她原本也只是想冒充一下鬼而已，想不到佳佳的媽媽還可以透過她說話。於是，阿珍跟小光說了剛剛發生的事情，小光聽到原來自己是「很特別的人」，覺得非常得意。

大家擁著佳佳，高高興興地一起走出地下室。在光線逐漸變暗的夏夜裡，最後剩餘的幾隻螢火蟲正在草叢間努力發光，希望用自己微弱的力量，繼續點亮這個世界。

邏輯思考小學堂

思考

佳佳發現鬼是小花假扮的，於是推理出鬼是不存在的。這個推理是否有問題呢？

解答

就算有些鬼是人假扮的，也不能證明所有的鬼都是人假扮的。就像有些特異功能是騙人的，不代表所有特異功能是騙人的。要記住推理祕訣：**少數這樣，不代表全部這樣**。

PART 5

轉學生
與妖怪石頭

一、超能力少女

即便時間來到了九月，台灣的天氣還是很炎熱，但山區已經開始轉涼。此時，小光就讀的森林學園開學了。第一天上課時，普老師向大家介紹今年有一個很特別的轉學生，她是來自日本的奈奈子。

在歡迎的掌聲中，一位穿著白色運動上衣和藍色長裙的女生走到台前對大家說：「大家好，我是奈奈子，我是從東京轉學過來的。因為爸媽都調來台灣工作，所以就跟著過來。」

「為什麼妳的國語講得這麼好？」小威很驚訝，打斷了奈奈子說話。

奈奈子很高興聽到有人這麼誇獎她，所以沒有因為話被打斷而生氣。她回答：「因為我從小被爺爺帶大，都跟爺爺講中文。」

「妳爺爺是台灣人喔？」小威又問。

「我也不清楚。不過他從小就在台灣長大，他還跟我說了很多台灣的祕密。」奈奈子回答。

「什麼祕密？」小光一聽到祕密就感到很好奇。

奈奈子露出神祕的笑容說道：「嘻！在這間學校附近的一個山谷，有一個很奇怪的山洞，裡面住了很多怪獸。所以我要把山洞找出來。」

「我也要去！」小光聽了很嚮往，可是其他同學卻不怎麼感興趣，都覺得是騙人的傳說。

既聰明又很會推理的阿珍想了想，說道：「如果有怪獸山洞，怪獸就會跑出來，然後被人類看見，可是這裡卻沒有人見過怪獸，所以……這應該只是虛構的傳說啦！」大家點點頭，覺得很有道理。

可是奈奈子卻回答：「那是因為這個山洞入口不容易被打開，需要有特殊能力才行。」

阿珍聽了笑而不答，覺得怎麼又跑來一個小光，奈奈子和小光簡直就是同類，都很會異想天開。果然，小光很興奮的問：「需要什麼特殊能力？」

奈奈子用很神祕的口氣說道：「只要當時間暫停的時候，山洞入口就會打開了。」

小光：「可是要怎麼讓時間暫停啊？」

奈奈子：「這需要超能力。」

小光又問：「妳會嗎？」

奈奈子點點頭。小光很羨慕的說：「哇！好厲害！」

小威卻不相信，他說：「騙人！那妳暫停時間給我看。」

大家眼睛都注視著奈奈子，奈奈子雙手平伸，慢慢在空中畫了兩個圈圈，邊畫邊發出「茲～～」的聲音，接著兩手突然向前方切入，喊著：「劈！」

但小威東張西望，沒有覺得時間停了，便笑說：「時間哪有停！果然是騙人的。」

奈奈子：「剛剛有停啊！」

小威問大家有沒有人覺得時間停了，大家都搖頭。

奈奈子卻說：「當時間暫停的時候，只有可以停止時間的人會有感覺，其他人都不會有感覺，因為你們的感覺也停了，所以不知道時間停止了。」

這時候小光想了想，覺得自己好像有感覺到一點點時間停了的樣子，於是問：「時間停了多久呢？」

奈奈子說：「好像只有零點一秒，我也不是很確定，因為我也沒什麼感覺。但是我爺爺說我已經可以把時間暫停零點一秒，只要再多一點練習，就可以停更久了。」

小光點點頭說：「我好像有感覺到，剛剛時間停了一會兒。」

奈奈子聽了很高興：「哇！那妳一定也是很特別的人。我們都是超能力少女。」

小光聽了很高興地說：「沒錯！我是很特別的人！」兩人都笑開了。

奈奈子自我介紹完後回到座位上。這時，普老師趁機問了大家一個問題：「剛剛談到『時間』，有沒有人不知道什麼是時間？」

普老師說完，大家都笑了。因為有誰不知道時間呢？當然都知道時間是什麼啊！不然怎麼「看時間」、「約時間」、「還有依據時間起床和上課呢？」

普老師接著說：「大家都知道時間是什麼，真不錯！那麼，誰可以告訴我『時間是什麼？』」

普老師說完，很多人本來都想要回答，可是一時之間像是嘴巴都塞滿東西一樣，說不出話來。大家都覺得，「對呀！時間是什麼？為什麼這麼簡單的東西卻不知道要怎麼說？」

普老師讓大家慢慢想了一陣子，小威第一個舉手：「時間就是讓時鐘可以走動的力量。」

普老師笑了笑，說道：「那應該是電池才對。如果時鐘不走了，時間並不會停止，而是電池沒電了。」

小花舉手說：「時間是人們在追趕的羊群，因為大家都在趕時間。」

普老師回答：「『趕時間』的意思好像應該是被時間趕著跑才對。」

小花聽完趕緊接著說：「那時間就是在後面追趕人的怪獸。」

普老師點點頭說這個比喻很有趣。小光聽到普老師稱讚小花，覺得很羨慕，也想要說一個好答案，可是想半天卻想不出來。

阿珍想了想便說：「時間是一種回不去的東西，一旦過了就找不回來了。所以大家要珍惜時間。」

大家都覺得阿珍說得很好，所以一起鼓掌，小光和奈奈子也附和說：「對！要珍惜時間。」

普老師也說：「這個答案也很好。但這些答案其實都沒辦法真正回答時間是什麼，都只是指出時間的某個性質。」

「那時間究竟是什麼呢？」小光問。

普老師回答說：「其實我們大家都知道時間是什麼，可是卻回答不出來，為什麼會這樣呢？那是因為我們的知識有兩種，一種是靠語言的，另一種是靠感覺的。」

普老師接著說：「靠語言的知識比較容易說清楚，像是『地球是圓的』。靠感覺的知識就很難說明白，比如說要教別人騎腳踏車時，會提到一個很重要的感覺是『平衡感』，但平衡感是什麼呢？這就很難說清楚了，需要靠感覺。而學腳踏車的人也需要在練習過程中慢慢培養平衡感這種感覺才學得會。」

「老師，我知道了。」阿珍好像突然領悟到了什麼：「靠感覺的知識需要培養感覺來學習，像是練習排球也是這樣，要不斷練習才學得會。因為時間也是一種感覺，所以不容易說清楚時間是什麼。」

小光點點頭說：「哇！原來是這樣，所以我花很多時間練習排球，變得很了解排球，所以就變得很厲害了。」

「老王賣瓜，自賣自誇！哪有人說自己很厲害的！」小威說。

「小光就真的很厲害啊！」小花反駁小威。

「我也很會打排球！」奈奈子很得意地說。

小光隨之提議：「那等一下我們一起去打排球！」

「好啊！好啊！」奈奈子很高興地附和著。

結果大家都說要打排球，沒人在討論時間是什麼了。普老師無奈地笑了笑說：「那我們就一起去打排球吧！」

邏輯思考小學堂

思考

1. 時間是什麼？
2. 學習英文是在學哪一種知識呢？靠感覺的，還是靠語言的？

解答

1. 時間是很奇怪的東西，就像古代哲學家奧古斯丁說的：「沒人問我時間是什麼的時候，我知道時間是什麼。但當有人問我時間是什麼，我便不知道時間是什麼了。」想想看，為什麼會這樣呢？

2. 學習英文是兩種知識都有。但最重要的是如何在日常生活中應用。這部分屬於靠感覺的知識。有許多知識是靠感覺的，尤其跟能力相關的知識大多屬於這類。而靠感覺的知識需要不斷練習才能慢慢學會，所以，想要具備許多能力，光靠讀書和上課是不夠的，需要實際練習。

二、閃閃發光的苦花魚

上了一天的課，終於來到放學時間。奈奈子沒有住校，和大家說再見後就搭車回家了。她和爸爸媽媽目前住在山腳下，群山圍繞著一條小溪旁的山野中間，這個地區唯一的一棟大樓公寓。

在車上，奈奈子看著飄在半山腰的雲霧，景色寧靜，但心中卻掩不住雀躍，等不及要告訴爸爸媽媽自己交到好多好朋友，想著爸爸媽媽一定會覺得自己很厲害，第一天就交到朋友了。但是，剛下車時，奈奈子就收到媽媽傳來的訊息，說他們今天必須加班，會晚點回家，要奈奈子自己先去吃東西。

看到訊息的奈奈子有點失望，但她知道爸爸媽媽都是很厲害的工程師，而且工程師都會把事情弄好才休息。所以，奈奈子就想著，「正好可以吃吃看這邊的食物，聽說這裡有三種東西很有名：粽子、包子，還有豆腐。」由於奈奈子很愛吃包子，就決定先去包子店。

這家包子店是三個姊妹一起開的，她們的臉上每天都掛著笑容，開心工作。當天包、當天蒸，讓客人都可以吃到剛出爐、香噴噴的包子，而每個吃了包子的客人也都會覺得很開心，因為有幸福的感覺。

奈奈子買了一個蔥肉包，一口咬下去，一股冒著熱氣的香味被釋放出來，這時會讓人忍不住想要趕快咬第二口，把香氣通通吃掉，一口接著一口，幸福滋味便滿溢出來。奈奈子很開心的吃完了一個包子，走到店門口的溪邊去看魚。她發現，溪裡的魚一閃一閃的發著光，非常奇特。

這時，奈奈子發現小溪的對岸有個和自己差不多大的女生，正低頭看著水面，還拿著筆不知畫什麼。奈奈子很好奇，便走過一座綠色的橋，想要仔細瞧瞧。但這個女生剛好畫完，站了起來，回頭便看見奈奈子。她很有禮貌的微笑點頭，正要離開時，奈奈子問：「妳在畫什麼呢？」

「畫魚啊！老師出了一項作業，要我們畫一隻魚，我想畫得像一點，所以就來看魚，邊看邊畫，妳看！」小女生把自己畫的魚給奈奈子看。圖畫很精緻，連鱗片都畫出來了，看起來栩栩如生。

「哇！妳好會畫喔！」奈奈子驚嘆著。

「沒有啦！」她有點不好意思。便把畫收到書包裡面。

「這吊飾也好好看！」奈奈子看到她的書包上有一個很可愛又亮晶晶的吊飾。

這個女生很高興的點點頭，問說：「妳也要畫魚嗎？」

奈奈子搖搖頭：「沒有！我只是要看魚而已。這裡的魚會閃閃發光，很特別。」

女生解釋說：「我們老師有說，這種魚叫做苦花魚，外號就是水中的螢火蟲，因為常常翻轉身體，身體會反射天上的光，所以看起來就像是閃閃發光的魚。」

「原來是這樣，好好玩喔！」奈奈子又學到了新知識，想到待會可以跟爸爸媽媽分享，就覺得很開心。

這時，女生的手機響了，家人正催促她回家吃飯。她跟奈奈子互道再見，便趕快跑回家了。

奈奈子很高興又多認識了一位新朋友，但是忘了問名字，不過沒關係，說不定還會再碰面。

於是，奈奈子一個人蹲在溪邊看魚，但看久了有點無聊，就開始看蝦子。蝦子很小，要很靠近才看得到，而且有時還會突然不見。她知道，「那是因為快速跳到別的地方，才會有突然消失的錯覺。」

奈奈子的臉離水面很近，到處找著不見的小蝦子，鼻子都快要碰到水了，突然間，她發現水裡有一隻妖怪正在看自己。奈奈子嚇一跳，站了起來，但想想又覺得很奇怪，水裡怎麼會有妖怪呢？想再看清楚，可是水流動的紋路遮住視線，站著就看不見了。於是奈奈子又再蹲下去，雖然有點害怕，但她還是靠近水面，又仔細地找了起來。

原來是一顆石頭，石頭上的紋路看起來像是一隻有著雨傘頭的妖怪。奈奈子把石頭撿起來，將表面的泥沙洗乾淨，仔細端詳，真是越看越像。奈奈子很高興撿到這顆妖怪石頭，把它放到袋子裡，想著「等一下要拿給爸爸媽媽看」。於是高興的唱著歌，走回家去。

過沒多久，爸爸媽媽也回來了，奈奈子趕緊跟他們分享，說今天認識了新同學小光，還有其他人。媽媽也稱讚奈奈子真厲害。奈奈子還想分享打排球的事情，可是媽媽說她剛下班很累，等一下再說。奈奈子便決定讓爸爸媽媽先休息，因為她知道，越厲害的工程師，工作結束後就會越累，需要先休息才有力氣講話。這是爺爺之前教她的。

夜裡，睡覺之前，媽媽來找奈奈子，想知道奈奈子今天遇到哪些事情。奈奈子很高興的把在學校裡發生的事情都說了，說完，又分享包子店的包子很好吃，還有苦花魚為什麼會發光，最後，還撿到一顆妖怪石頭。奈奈子把

石頭拿出來讓媽媽看，媽媽也說很像是一隻妖怪，稱讚奈奈子真厲害。奈奈子得意的把石頭收好，想著明天要帶去學校給同學看，然後滿意的睡了。

隔天早上起床，奈奈子跟爸爸媽媽「歐嗨悠」道早安後，吃完早餐，就搭車到學校去了。

到了教室，奈奈子把妖怪石頭拿給小光看，小光嚇了一跳：「怎麼有妖怪跑到石頭裡去了？」奈奈子很得意的說：「這是我昨天在溪裡發現的，可是不是妖怪跑到石頭裡，而是這個石頭就是妖怪，它的名字叫做『石頭妖』。」

「原來是石頭妖！好好喔！我也要去抓一隻。」小光羨慕的說。

聽到小光這麼說，奈奈子突然興起一個念頭，想要把石頭妖送給小光。可是，她自己也很喜歡這個石頭妖，捨不得送給別人，所以就沒說出來。又想：「下課後再去找一找，如果還有的話，就送小光一個。」想到這裡，覺得這個點子不錯，就不自覺得笑了一笑。

「只不過是有一些奇怪紋路的普通石頭而已啊！怎麼會是妖怪。」小威突然探頭過來，說了這句話。

其實阿珍和小花聽到她們說話時，也都好奇地湊過來，但感覺也和小威一樣，認為只是普通的石頭，只是不好意思說出來。

「明明就是妖怪石頭，笨蛋才看不出來！」小花故意要跟小威唱反調。

「如果真的是妖怪，那就叫它來抓我啊！」小威不服氣地反駁。

奈奈子卻說：「石頭妖正在睡覺，要睡很久很久，可能還要再睡好幾千萬年才會醒。」小光聽了點點頭，覺得是這樣沒錯。

這時老師來了，大家趕快回到自己的座位上坐好。

邏輯思考小學堂

思考

1. 為什麼苦花魚會常常翻轉身體呢？
2. 想一想，如果大人看到小朋友在危險的溪邊玩，該怎麼做最適當？

解答

1. 一般認為，苦花魚翻轉身體的目的是為了吃石頭上的藻類。可是只要仔細觀察會發現，就算沒在吃東西，牠們也會翻身。「為什麼知道牠們沒在吃東西呢？」那是因為在沒有石頭的地方也會翻身。「可是就算沒石頭也可能在吃漂浮在溪裡的藻類啊！」這樣說雖然沒錯，但是吃漂在溪裡的藻類又為什麼要翻身呢？這是一個很奇特的現象，值得大家來研究看看。

2. 奈奈子看魚的小溪很淺，所以沒有關係。但如果很深的話，該怎麼辦呢？想像各種可能的做法，並提出理由說明哪一種方法最好。

三、最喜歡的禮物

放學後，奈奈子又到溪邊，想再找一顆妖怪石頭送給小光。因為昨天很快就發現了，奈奈子以為很容易找到，可是這次無論怎麼看都沒有。雖然如此，她還是很堅持地繼續找。

奈奈子的爸媽今天特別提早完成工作，想早點回家多陪陪奈奈子，別讓她又一個人吃晚餐。但是，等媽媽都煮好了晚餐，奈奈子還是沒回家。打電話給奈奈子，手機也沒反應，不知是關機了，還是沒電了。打電話到學校去，普老師說奈奈子早就回去了。奈奈子的媽媽有點擔心，爸爸卻說不用緊張，可能跟同學一起去玩，玩累了就會回來了。但媽媽還是放心不下，決定出門尋找奈奈子。

找著找著，看見奈奈子獨自在溪裡玩水，媽媽看了有點生氣，心裡想著：「天都快黑了，還不趕快回家，在這裡玩也不跟家人說一下。」但是，奈奈子的媽媽有學過思考，知道任何時候都要保持一種「**原因不一定是這樣**」的心態，所以暫時壓抑自己的憤怒，說不定奈奈子只是玩得太開心，一時忘了時間。

她走到溪邊喊了一聲，奈奈子抬起頭來看見媽媽，才發現這時天都快黑了。原來自己找了這麼久，想著一定找不到了，覺得很失望。媽媽看見奈奈子一臉失望的神情，覺得很奇怪，便問：「怎麼了？」

「我想再找一顆妖怪石頭，可是找不到。」奈奈子說。

「妳不是已經有一個了嗎？」

「因為小光很喜歡妖怪石頭，我想送她，可是又很捨不得，所以想再找一顆。但是怎麼找都找不到。」

「原來是這樣！」了解了奈奈子的感覺，媽媽比較不生氣了，便說：「天快黑了，先回家吃飯吧！」

奈奈子點點頭，跟媽媽說抱歉，因為找得太專心都忘記時間了。媽媽笑說：「沒關係。」

晚餐時，奈奈子還是一臉困擾。爸爸便問奈奈子怎麼了。奈奈子說：「妖怪石頭只有一個，找不到第二個，所以只好把自己的妖怪石頭送給小光了。可是又很捨不得。」

爸爸笑了笑，拿出一枝筆：「妳看，這枝筆好不好看？」

奈奈子接過來仔細看了看，說道：「好漂亮！」

「如果送給奈奈子，奈奈子會很高興嗎？」

「會啊！會啊！」

「可是這是我最喜歡的一枝筆，如果送給了奈奈子，我會很捨不得，怎麼辦呢？」

「那我不要了！」善解人意的奈奈子馬上就這樣說。

「為什麼不要了？妳不是很喜歡嗎？」爸爸又問。

「可是爸爸會難過，我拿了也不會開心。」奈奈子答。

「所以如果我希望妳開心，就不應該送妳這枝筆。對不對？」

「啊！我知道了。」奈奈子突然領悟了爸爸的比喻，「小光知道我很捨不得這個妖怪石頭，所以她拿了也不會高興。」

爸爸笑了笑，稱讚奈奈子真聰明。解開了這個心結，奈奈子突然感到輕鬆許多，於是帶著高興的心情，吃完了晚餐。

邏輯思考小學堂

思考

1. 看到別人做了令人生氣的事情時，該怎麼辦呢？
2. 如果別人不分青紅皂白就生氣時，該怎麼辦呢？
3. 如果朋友非常喜歡自己最喜歡的東西，但又捨不得送朋友，那就不用送人，否則反而不好。可以考慮用別種方法跟朋友一起分享。想想看，奈奈子可以怎麼做呢？

解答

1. 要先去了解別人行為背後的原因。有時，了解以後就不會生氣了。就像奈奈子的媽媽這樣。
2. 其實奈奈子的媽媽有時也會忘了問清楚原因就生氣罵人，這時奈奈子可以提醒媽媽，要先問清楚原因才可以罵人。

3. 可以借給小光玩，或者是兩人一起玩。也還有很多其他的做法。

PART 6

怪獸山洞探險

一、探險時間到了

奈奈子轉學到森林學園已經快兩個月了，雖然偶爾也會和同學有點小爭吵，但大多數時間都相處得很融洽。尤其在週末假日，常常和小光、阿珍一起到處玩，日子過得非常快樂。

秋末冬初，山上的氣候有點冷，大家紛紛穿起外套。奈奈子也穿了一件紅色外套，配上常穿的那件藍色長裙，非常好看，小光看了也稱讚奈奈子是大美女。但小光還是不穿外套，因為她說一點也不冷。阿珍常常提醒小光要多穿衣服，因為去年的冬天，小光一直到自己感冒了才發現「好像有點冷」。阿珍說，小光是因為懶得多穿衣服才說不冷，不是真的不冷。

下課後，奈奈子偷偷告訴小光，紅色代表冒險，穿上紅色外套就表示探險的時間到了。小光聽了很高興，說要一起去探險。奈奈子點點頭：「那我們去找怪獸山洞吧！」

星期六早上，奈奈子、小光以及阿珍約在宿舍集合，而且大家都帶了便當。小光說，探險最重要的就是帶便當。阿珍笑說，小光探險的目的就是想多吃便當。但小光搖搖頭說不是，而是便當可以提振精神和勇氣，這樣探險才會成功。

奈奈子微笑點頭，覺得小光講得很有道理。接著，她把地圖攤在桌上，指著山谷中的一塊平地：「爺爺說這塊平地看起來很奇怪，沒有樹木，那是因為中間有個隱藏的山洞入口，那個山洞會發出奇怪的能量，讓樹木無法生長。所以我們要先找到這個森林平地。」

小光把地圖拿過來東翻西轉，倒著看、斜著看，覺得似曾相識，「我好像看過這個地方耶！」

奈奈子很驚訝的說：「什麼！真的嗎？」

阿珍也說：「有可能喔！小光平常就喜歡到處亂跑探險，說不定真的有看過。」

聽到阿珍提起探險，小光突然想起來：「上次去水源森林找龍的時候，有看到這個地方。那時還遇到一隻喜歡吃蛋的蜘蛛，蜘蛛告訴我，傳說中的龍會在那裡出現，而且可以向牠許願喔！」

阿珍也想起小光跟她說的那段奇遇。但之前沒講到森林平地，所以阿珍沒有聯想到。她又想了想，點點頭說：「這樣說來，說不定龍就是從怪獸山洞出來的。」

「原來是這樣！」小光聽了好高興，因為她又可以去找龍了。

沒想到事情會進展得這麼順利，連奈奈子都沒想到會有這種結果。她本來以為要一個山頭一個山頭地找，但因為夏天太熱，所以一直沒有提。早知道是這樣，她早點說，就可以早點開始探險了。

於是一行人往水源森林出發，很快就找到那個被森林環繞起來的平地。奈奈子對照地圖後，發現長得一模一樣，所以特別興奮，便開始想著怪獸山洞的入口會在哪裡？小光則跑去找紅領帶蚱蜢和喜歡吃蛋的蜘蛛，她今天多帶了一顆蛋要分給蜘蛛，還帶了一條彩色繩子要送給蚱蜢當新領帶。可是到處都找不到。

「或許牠們都搬家了吧。」阿珍說。

「嗯！」小光點點頭，又說：「也可能跑去別地方探險了。」小光覺得動物和昆蟲也都喜歡探險。

這時，奈奈子很仔細的看著地圖說：「爺爺告訴我，當時間停止的時候，通往怪獸山洞的入口就會打開。我來暫停時間，妳們負責看看附近有沒

有出現什麼奇怪的東西。」

小光和阿珍都很期待地說「好」，然後注意看著四周。

「茲～～嗙！」奈奈子運用超能力讓時間停止。但三人東看西看，都沒看到有什麼奇怪的地方。

奈奈子想了一想，又更認真地再試了一次，還是沒有任何異狀。她又試了好幾次，還是沒看到任何像怪獸山洞的東西出現。

「到底是怎麼回事呢？」奈奈子想不明白。

「會不會是暫停的時間太短，所以看不清楚？」阿珍問。

「可是如果有山洞出現，時間再短應該都可以看得到啊！」奈奈子有點無奈。

「我知道了，那是因為洞口要等到月圓時才會打開，上次有聽到蜘蛛先生這樣說。」小光回答。

奈奈子搖搖頭：「可是爺爺沒有說要等到月圓啊！沒關係，反正時間還早，我再多試幾次好了，說不定是我的超能力太弱了。」

於是奈奈子又繼續嘗試了很多次，阿珍四處看了一下就不想再看了，她想，反正門開了，奈奈子自己也會看見，所以她就到處看森林裡的各種植物。因為阿珍有學習草藥知識，覺得這裡很特別，說不定會有千年人參、千年靈芝或其他特別的珍奇草藥。

小光則蹦蹦蹦地，發出很大的腳步聲跑來跑去，尋找蚱蜢和蜘蛛。三人各忙各的。

過了好一陣子，奈奈子一直無法看到怪獸山洞，越試越沒信心，想著：「會不會我根本沒有超能力呢？還是地點不在這裡？」奈奈子想不明白，乾脆閉上眼睛，專心暫停時間，她想著，「如果山洞出現，小光和阿珍應該會看到，不用自己分心去看。」可是她沒注意到，其實小光和阿珍都在忙自己的事情，根本都沒在看。

過了一會兒，阿珍有一種不太對的感覺，好像是……世界突然安靜了下來，她站起來環顧四周，發現沒有什麼變化，也沒看到怪獸山洞。阿珍又回頭看看奈奈子，奈奈子還在努力讓時間靜止，她想看看小光在哪裡，但轉了一圈，小光不見了。

「跑進森林裡面了嗎？」阿珍想著。「不對，幾秒鐘前還聽見她在旁邊到處跑來跑去的聲音，不可能突然就跑進森林裡。沒錯！小光不見了。」

「妳有看見小光嗎？」阿珍問奈奈子。

奈奈子張開眼睛，有點迷惘地四處張望，「咦！小光跑哪裡去了？我剛剛閉著眼睛專心停止時間，所以沒注意。」

「她不見了！」阿珍回答。

奈奈子嚇一跳：「會不會是山洞突然出現，小光就闖進去了？」

「有可能喔！這個山洞入口可能是看不見的，所以我們都沒看到。因為小光跑來跑去不小心就跑進去了。」阿珍回答。

邏輯思考小學堂

思考

1. 氣候剛開始變冷時，不立刻穿外套通常沒什麼關係。到底要在什麼情況多加外套，才比較不容易生病呢？
2. 為什麼小光覺得昆蟲和怪獸也都喜歡探險呢？試著提出解答，並想想這樣的思考是否有什麼問題？

解答

1.天氣剛開始變冷的時候，常常不會覺得很冷，就覺得不多穿衣服也沒關係。就算覺得有點冷，也常誤以為忍耐一下就好了，但身體可能會因為調適不良而生病。在這種時候，想想看多穿衣服會不會覺得熱，如果不會的話，那就先多穿一件比較保險，等熱了再脫掉就好了。在日常生活中，遇到困局時，尋找兩全其美的方法，是一種非常有用的人生智慧。

2.人們習慣從自己的角度去看別人。就像看到一本非常好看的書時，就會熱烈推薦好朋友去看。可是，這種推理方式有時是會錯的，因為人與人之間雖然有很多相似之處，但也有很多不同的地方。當朋友的喜好不同時，就要小心思考才行。

二、山洞裡的怪獸世界

在森林平地跑來跑去的小光突然進入一片黑暗世界。她嚇了一跳，停下來東張西望，可是什麼也看不到。「奇怪！太陽怎麼突然不見了？」小光疑惑地說出這句話，但沒人搭腔。「珍姊～～奈奈子～～」小光喊了兩聲，也沒人回答。「奇怪！連珍姊和奈奈子也突然不見了，怎麼會這樣呢？」

小光逐漸習慣了黑暗，發現自己身在一個山洞中，遠方隱隱約約看得到出口的光芒。於是小光往前走，想弄清楚到底是怎麼一回事。

走到接近洞口處的時候，小光發現外面有很多人影晃動，好像都在等她過去一樣。她想：「珍姊和奈奈子跑到那邊去了嗎？」小光快步跑出來，一到外面便嚇了一跳，因為很多各式各樣的怪獸都在外面等著她。小光趕緊回頭往裡面跑，邊跑邊想：「天啊！我跑進怪獸世界了！」

跑了一會兒，小光發覺怪獸並沒有跑進來抓她，便放心地停了下來。回頭看外面，想著，「牠們都沒跟進來，是不是牠們不能進山洞呢？」想到這裡，比較放心了。好奇心起，又慢慢走出去，想看清楚怪獸的樣子。

小光偷偷走到洞口，看見一隻長得很像河馬的怪獸，可是這個河馬怪的身體卻像一隻站立的青蛙。河馬怪一看見小光，就趕緊裝出鬼臉，用手把眼睛往外拉，裝出一副很可怕的樣子。小光看了噗哧笑出來。

看見怪獸這麼可愛，小光反而不怕了，直接走出洞口。可是怪獸們卻好像很怕她，一直不斷後退。

河馬怪一邊後退，一邊緊張的說：「我這麼可怕！妳不害怕嗎？快說，妳是不是來探聽消息的奸細！」小光笑呵呵的說：「你一點都不可怕啊！」

另一隻看起來像個肥恐龍的怪獸，雖然看起來也很害怕，但還是鼓起勇氣向前走了一小步，挺著圓滾滾的肚子說道：「如果妳不承認自己是奸細，我們……我們就要逼供了！」起初牠的音量還很大，但卻越說越小聲……

「怎麼連裝個樣子嚇人都不會？」小光心裡覺得怪獸很好笑，可是聽到「逼供」兩個字還是有點害怕，就問：「要怎麼逼供啊？」

肥恐龍挺著圓肚子，很得意的說：「妳再不說，我就用尾巴打妳！」

小光看到他的尾巴短短的，像個貓尾巴動來動去，於是又笑了：「哈哈！這樣逼供沒有用啊！你應該要說：『再不說，我就剝妳的皮！』」小光裝出一副很可怕的模樣。想不到一說出來，怪獸們全部嚇到旁邊躲起來。看到這種情景，小光有點不好意思，便說：「哈哈，騙你們的啦！我是好人，不是奸細。」

說完，怪獸們都歡呼地跑出來，「原來不是奸細啊！嚇死獸了！」還有一隻小怪獸，額頭上有一隻角，長得卻像一隻小狗，跑到小光旁邊跳來跳去，一副很高興的模樣，但是牠不會說話，只能發出汪汪的叫聲。小光也很高興地跟這隻獨角狗一起玩。

雖然看見許多怪獸讓小光很高興，但她也沒忘記要找龍，所以便到處看，卻沒看到任何像龍的怪獸：「奇怪，原來沒有龍啊！」

肥恐龍回答：「龍老大出去調查了。牠叫我們守在這裡嚇人，因為山洞入口好像被人發現了，目前又沒辦法關起來，擔心會有奸細跑進來。」

小光想，「原來龍是怪獸世界的統治者。」她接著問：「牠出去調查什麼呢？」

「我們也不清楚，因為只有龍老大膽子大，又很有知識，還敢到別的世界探險。聽說……好像是別的世界有什麼奇怪的事情發生，所以叫我們要小心，說不定……會有奸細跑過來。」肥恐龍答。

「那你們怎麼知道我不是奸細呢？」小光疑惑。

「妳不是說自己不是奸細嗎？」肥恐龍回答。

「說不定我是騙你們的啊！」小光又說。

小光一說完，怪獸們就又全部跑去躲起來了。

小光想著，「原來牠們是說什麼都相信的怪獸啊！」她接著說：「我不是啦！不用擔心，但是要拿好吃的東西給我吃才行！」

「原來只要給好吃的東西就不是奸細了！」怪獸們很高興趕快跑去拿好吃的東西來。

這時小光突然有點擔心，想著：「怪獸們喜歡的食物該不會是一堆昆蟲吧！到時拿來不吃，會有點不好意思。」

不過還好，牠們拿來好多看起來很美味的果子，小光吃得津津有味。於是便說：「太好吃了！我不是奸細，而且我的朋友也都不是奸細了！」

怪獸們聽了好高興，原來只要給對方吃好吃的東西，不只吃的人不是奸細，連他的朋友也會變成不是奸細。這樣真是賺到了。

小光接著說：「那我去帶我的朋友過來，你們要準備多一點好吃的東西喔！這樣我的朋友的朋友們也就全部變成不是奸細了！」

怪獸聽了很高興，全都跑回去拿好吃的東西了。

小光循著自己的腳印，回到剛剛來的山洞裡，找到進來的位置站好，果然沒多久，就又出現在森林平地。

阿珍和奈奈子看到小光出現，都歡呼了出來，而一直在暫停時間的奈奈子隨後就坐在草地上喊著：「累死我了。」

阿珍急著問小光剛剛跑到哪裡去了。小光告訴她們怪獸世界的事情，並要奈奈子和阿珍站過來，「只要能再停止時間一次，我們就可以一起過去怪獸山洞了。」

於是，奈奈子和阿珍靠著小光，再次停止時間。一瞬間，三個人都出現在剛剛的山洞裡了。

邏輯思考小學堂

思考

1. 人們習慣從自己的角度看世界，所以常常只看到外界的變化，而沒有想到自己的變化。所以小光會以為是別人消失了，而不是自己從原本的地方消失了。當我們發現別人變了，用不同的方式對待自己時，應該要思考什麼呢？

2.「信任」是一種很好的品格。願意信任別人的人，往往會有很好的人緣，但是，也很容易被騙。因為怪獸們信任小光，所以可以很快成為好朋友，但是，如果小光心存歹念，怪獸們可能就會遭遇不幸。我們應該如何培養信任的品格，又能預防被別人欺騙呢？

解答

1. 要想想是不是自己先有了什麼改變，導致別人改變了與我們的相處方式。
2. 培養很強的偵錯神經，很容易偵測到有問題的推理或是容易嗅到危機的訊號。大多數時候信任他人，一旦危險訊號升起，就開始思考是否藏有騙局。

三、生活的藝術

這次，小光帶著奈奈子還有阿珍一起進入了怪獸世界，而怪獸們也趕緊拿出好吃的東西，看到她們吃東西就放心了，因為這樣就知道她們不是奸細，也可以放心地一起玩。

奈奈子看了看四周，發現旁邊大多是沒有長草的地面和石頭，而且到處都是山洞，雖然遠方有些樹木，樹木上有很多果子，可是都沒有樹葉，色彩看起來很單調。她說：「怎麼這裡的顏色都差不多！不像我們那邊五彩繽紛的。」

阿珍聽了便輕聲跟奈奈子說：「不要這樣說啦！要尋找別人好的地方讚美別人啊！」

奈奈子聽了點點頭，想到媽媽也這樣對她說過，要多看別人的優點，不要一直去注意別人不好的地方。

但是，阿珍和奈奈子發現，怪獸們對剛剛奈奈子說的話好像感到很得意，又有一點不好意思的樣子。

「哈哈……沒有啦！沒有妳說的這麼好啦！」一隻長得像兔子的粉紅怪獸說。

阿珍聽了覺得很有趣，想了一想便試著說：「妳說話的聲音啞啞的耶！」

兔子怪又出現很難為情的表情說：「謝謝啦！」

阿珍覺得很好玩，悄悄跟小光和奈奈子說：「牠們不只相信別人說的話，好像還會把別人的評價都當作是讚美耶！」

「哇！這樣生活真是太快樂了，根本就不用怕被人批評啊！」小光說。

「對啊！對啊！」奈奈子也附和著，接著又說：「可能是因為怪獸們都不互相批評，只互相讚美，所以習慣了。」

奈奈子才剛說完，便聽到小光喊出一句話：「你們都是大笨蛋哩！」

阿珍和奈奈子都嚇了一跳，小光怎麼隨便亂說話，擔心怪獸們惱羞成怒。看著怪獸們的反應，其中一隻怪獸卻是一副很抱歉的樣子說：「對啊！龍老大也是這樣說的，牠說要我們保持這種笨蛋性格，不要學習任何知識，牠說這很難得，很了不起。學了知識就會有很多煩惱，會變得不快樂。像龍老大就有很多知識，而且看起來真的很不快樂。可是這樣也有壞處，我們就會不小心把陌生人都當作是奸細，真是對不起。」

想不到小光這句話竟然引起這種反應，小光覺得很有趣，又準備開口不知要說什麼時，阿珍趕緊摀住小光的嘴，怕她又亂說話。

阿珍說：「不用抱歉啦！小心奸細是應該的，這是正確的行為。」怪獸們聽了都很高興。

大家邊聊邊吃，小光吃得最多，吃完果子後便拿出便當，輪到吃便當時間了。怪獸們都很好奇小光便當裡的食物，小光很高興地分給大家吃，而怪獸們也都稱讚便當好吃。接著，阿珍和奈奈子也把便當拿出來。當奈奈子打開媽媽幫她做的探險便當時，兔子怪和河馬怪都高興地歡呼：「關東煮！」怪獸們竟然知道關東煮，小光、阿珍和奈奈子都很驚訝。

「你們怎麼知道這是關東煮啊？」奈奈子問。

兔子怪回答：「很久以前吃過啊！超好吃的，我都忘不了，想不到今天又出現了！」

兔子怪剛說完，便傳來一陣哭聲。原來是肥恐龍在哭。

「好吃到哭出來，也太誇張了吧！」小光說。

河馬怪幫忙解釋：「不是啦！牠是想到一件事情才哭的。」

河馬怪說到一半，警報聲突然響起，牠慌忙說：「糟糕！又有人進來了！」怪獸們趕緊把洞口圍住，裝出一副很可怕的樣子。

小光看著怪獸們的樣子，覺得太好笑了，便說：「你們這樣根本就嚇不到人啊！」趁著入侵者還沒抵達，她幫怪獸們調整表情和動作。河馬怪張開大口，露出牙齒；兔子怪把手舉到前面裝出要抓人的樣子；奈奈子也幫忙肥恐龍，要牠露出肚子，側躺面對洞口，把脖子伸長，露出邪惡的笑容。「只差一副墨鏡，就像黑幫怪獸了。」奈奈子很滿意地說。

果然，當入侵者走到洞口時，馬上被怪獸們嚇到往回跑，那群人邊跑邊喊：「被發現了！趕快多找點人帶網子過來，真的有很多珍奇異獸。」

雖然入侵者跑掉了，但大家還是很擔憂，因為將會有更多入侵者過來，到時可能就沒辦法抵擋了，而且會法術的龍老大又不在，怎麼辦呢？

奈奈子說：「原來還有別人會停止時間！」

河馬怪聽了嚇一跳：「妳們是利用停止時間打開山洞通道的喔？」

阿珍聽了覺得很奇怪：「這個通道不是要用停止時間的超能力才能打開嗎？」

河馬怪說：「這可能是最困難的方法，還有其他比較簡單的。」

「原來是這樣喔！可是爺爺好像也只知道這個方法。」奈奈子說。

「還有什麼方法？」小光好奇地問。河馬怪搖搖頭，牠也不太清楚。

「你們有什麼可以抵抗入侵者的方法嗎？」阿珍問。

河馬怪又搖搖頭說：「以前都是靠龍老大的法術把入侵者驅逐出去的。」

這時，肥恐龍又哭了，邊哭邊說：「都是我不好！把重要的東西弄丟了，所以才沒辦法把這個曝光的通道封起來。」

看著疑惑的小光、阿珍和奈奈子，河馬怪解釋給大家聽。原來之前有個人來到這裡，把關東煮分給大家吃，吃過的怪獸都覺得很好吃，所以在他臨走前送了很多果子。肥恐龍負責包禮物，結果不小心把一個很重要的東西包進去了！因此牠們現在才會很苦惱地守在這裡，不然，直接把這個山洞裡面的通道封起來就好了。」

「那是什麼東西啊？」小光問。

河馬怪回答：「就是一個可以把通道消除的東西。龍老大可以打開新通道，但也沒辦法消除，需要藉助那個東西才行，可是目前沒辦法再做一個，還要等好幾百年，做為主要材料的樹才會再開花結果。」

奈奈子聽了，便從書包裡面拿出一枝看起來像鉛筆的東西，舉起來說：「該不會是這個吧！」

「啊～～」怪獸們看到後都驚訝得叫出聲來。

河馬怪走上前，很興奮地拿過去，轉來轉去說道：「對啊！就是這個

『鉛筆橡皮擦』，怎麼會在妳這裡？」

「原來是不小心給了爺爺啊！我爺爺還覺得奇怪，你們送他這個不知有什麼用的東西做什麼？原來是不小心放進去的。」奈奈子很高興的接著說：「幸好爺爺要我帶來怪獸山洞，他說，如果不小心被怪獸抓到，還可以把這個東西拿出來當作是友誼的信物。」

「原來上次那個人是妳爺爺喔！難怪都有好吃的關東煮。」兔子怪說。

「太好了！那我們趕快去把山洞入口封起來吧！」阿珍說。

邏輯思考小學堂

思考

1. 如果真的可以把所有評價當讚美，生活是不是會更快樂？如果暫時做不到，有什麼好方法可以讓生活變得更好呢？
2. 當奈奈子只知道可以利用停止時間進到怪獸世界時，就會以為別人進到怪獸世界也是利用停止時間的方法。這種推理型態在日常生活中也會有。是否能想到其他例子呢？

解答

1. 被批評或是怕被批評，都是讓人在生活裡不愉快的主要因素。如果可以訓練一種「往好處想」的觀念，可以給生活帶來更大的幸福。這是一種生活的藝術。事實上，如果大家都可以做到少批評、多讚美的習慣，就可以帶給這個世界更多的喜悅了。

2. 例如，多數人以為必須多花時間唸書，功課才會進步。所以如果看到有人功課進步，就會以為他花了更多時間唸書。但實際上，專心唸書比多花時間唸書還更有用。只是大多數人忽略了專心的重要性。

四、發現奇怪的腳印

才剛到怪獸世界沒多久，都還沒好好玩個夠，就因為有入侵者的關係要趕快離開，小光和奈奈子都很不情願，可是不走也不行，因為其他怪獸們也不知道要怎麼從別的地方離開，而且也不知道龍老大什麼時候才會回來。在阿珍的催促下，小光和奈奈子也只好走回山洞。等到她們離開後，怪獸們就會用鉛筆橡皮擦把這個通道封起來了，所以她們也沒辦法再回到這裡。

「可是，這樣一來，龍老大不就回不來了？」小光說。

兔子怪：「不用擔心，龍老大可以再打開其他的通道，或者是從別的通道進來。」

聽到有別的通道，奈奈子趕緊問：「那別的通道在哪裡呢？」

兔子怪：「我們也不知道，只有龍老大知道。因為我們都不會離開這裡，所以牠沒跟我們說。」

小光和奈奈子都很失望。怪獸們也覺得很不好意思，所以肥恐龍又打包了三份禮物送給她們，說裡面有很多好吃的果子，每個人都有一包，這才讓小光開心一點。

過沒多久，終於到了怪獸山洞和其他世界的交會點，大家互相道別之後，奈奈子暫停時間，三人又回到了森林平地。一回來，阿珍馬上跑到平地旁邊到處看。

「珍姊！妳在找入侵者嗎？」小光問。

阿珍點點頭問：「妳們剛剛有看到入侵者長什麼樣子嗎？」

「沒有啊，他們還沒出山洞就跑掉了。」小光和奈奈子回答。

阿珍想了想就說：「我剛剛往裡面看，有看到影子，那個影子很奇怪，不像是人類，有很多隻腳，比較像是一隻大章魚。」

「什麼！」小光和奈奈子都很驚訝。

「也有可能是因為很多人擠在一起，所以看錯了啦！」阿珍說。

「嚇死獸了！」小光學怪獸們說話。

「嚇死獸了！」奈奈子也學小光。兩人相視而笑。

「可是……」阿珍手指著森林邊的一個角落說道，「妳們來看這裡。」

阿珍和奈奈子走過來，看見很多腳印，有大有小，但都很奇怪，而且沒有一個是人類腳印。

「說不定森林裡面有什麼奇怪的生物，可能這些生物正好看到我們找到這個入口所以跟了進來，不然怎麼會這麼湊巧呢？」阿珍做了一個很合理的推理。

「也說不定是另一個奇怪世界跑來的！不然以前為什麼都沒碰到過呢？」小光也做了推理。

奈奈子也點點頭，覺得都很有道理。

阿珍想了想說：「不管怎樣，他們等一下會帶一些抓怪獸的道具來這裡，我們還是趕快離開比較安全。」

就這樣，小光、奈奈子以及阿珍走出水源森林，結束了一天的愉快探險。但大家心裡都在想著，那些奇怪腳印究竟是誰的呢？這和龍老大跑出去調查是不是有什麼關連？小光和奈奈子的心裡正盤算著下一次的探險。

邏輯思考小學堂

思考

探險的價值是什麼？如果探險會有危險，為什麼還要去呢？是否有不太危險又很有價值的探險？

解答

探險可以培養勇氣，勇氣是一種很重要的能力，可以協助我們克服困難。但若不是經驗豐富的探險家，不適合去冒非常大的危險，否則很容易遭受傷害，反而得不償失。有許多需要勇氣的探險是屬於內心層面的，比較沒有真正的危險，可以多加嘗試。像是參加比賽，或是參加各種不同的活動。

PART 7

意外的禮物

一、奇怪的禮物

從怪獸山洞探險回來的那個下午，小光肚子餓了，便拿出禮物包，抱著期待的心情打開。她看見裡面有很多好吃的果子，於是高興地吃了起來。吃著吃著，小光發現一個奇怪的東西，拿起來仔細看了看，不像是可以吃的東西，咬起來太硬了。想了想，突然領悟了：「啊！是『橡皮擦鉛筆』！」

小光記得在跟怪獸們聊天時，河馬怪有提到怪獸世界的兩個寶物。一個是肥恐龍不小心送給奈奈子的爺爺，而後又被奈奈子帶回來的「鉛筆橡皮擦」；另一個則是「橡皮擦鉛筆」。鉛筆橡皮擦看起來像鉛筆，但實際上是橡皮擦，而且還不是一般的橡皮擦，而是可以擦掉神祕通道的寶物。橡皮擦鉛筆看起來剛好相反，是長得像橡皮擦，但實際上是鉛筆的寶物。

不過，這個寶物有什麼功能呢？小光想了想，想不出來，肥恐龍好像沒講，「是不是可以畫出好吃的東西呢？如果是的話就太好了。」小光想像著畫出很多好吃的東西。可是她不敢亂畫，擔心畫出可怕的東西。

小光很高興拿到這個寶物，可是又想了想，「肥恐龍為什麼要送這個給我呢？」想著想著，「啊！該不會又是包禮物時，不小心包進去了吧！」小光越想越覺得肥恐龍神經大條，也越來越喜歡這個意外獲得的寶物，覺得自己運氣真好。

小光開心地把東西收好，不讓別人看見。不然阿珍會叫她還回去，奈奈子說不定也會想要跟她搶。

那天晚上，阿珍從圖書館回來後，就覺得小光怪怪的。本來小光什麼事都會跟阿珍說，但隱瞞了這件事情之後，開始感覺到有些隔閡，變得好像不知可以說什麼了，所以都只說今天天氣很好之類的話。可是，當阿珍跟她說起外面在下大雨，小光好像也沒注意聽，反而回答好天氣就要出去探險。

看到小光怪怪的，阿珍知道小光一定有心事，但沒點破，因為她知道：「等小光想說了，自己就會說。不然隨便點破別人，會害別人感到困窘，破壞人際關係。」這是她的企業家爸爸常常提醒她的。

到了星期一上課的時候，阿珍發現怎麼連奈奈子也變奇怪了。三個人在一起的時候，本來是無話不談的，現在變得好像都沒什麼話好說，而且還常常雞同鴨講。

「會不會是跟去了怪獸世界有關呢？」阿珍想著，但不久便推翻這個假設，因為回來時都好好的啊！

「啊！可能和禮物有關。」阿珍突然有這樣的直覺。但她還沒打開禮物包，所以也不清楚是不是有什麼奇怪的地方。阿珍趁著午休時間跑回宿舍，把怪獸送的禮物打開，但裡面只有怪獸世界的果子，沒有什麼奇怪的東西。

「既然跟禮物無關，還會是什麼事呢？」阿珍又想了想：「對了！普老師有說過，『**少數這樣，不代表全部這樣**』，我的禮物這樣，不代表別人的也一樣。說不定她們的禮物有什麼我不知道的東西。可是會是什麼東西讓小光和奈奈子都不願意說呢？」阿珍想了半天還是想不通，但覺得還是不應該直接去問，因為如果被揭穿了，還是會很不好意思。想到這裡，阿珍決定什麼都不問。

邏輯思考小學堂

思考

阿珍決定什麼都不問，這個做法是否是最好的呢？如果不是，你覺得怎麼做更好？

解答

當你覺得別人有心事時，有時不問比較好。因為萬一別人不想說，問了反而會很尷尬。可是有時別人其實想說只是不知怎麼開口，反而希望別人開口詢問，如果沒人問，反而會覺得大家都不關心他。所以，在這種時候，問或不問是一個很不容易抉擇的事情。比較妥善的方法是先試探看看，例如：「你好像有心事喔！」如果別人不想說，就會立刻說「沒有」，這時就當作「沒有」，不要問了。如果別人想說，可能會有吞吞吐吐的反應，這時就可以慢慢進一步詢問。

二、奈奈子的祕密

幾天過去了，平常很愛講話的小光變得很少說話，面對阿珍和奈奈子時，小光感覺到生疏了。就這樣憋了好多天，小光也覺得很不舒服，可是自己又很喜歡那個橡皮擦鉛筆，不知該怎麼辦才好。

這天早上，小光吃完早餐沒有等阿珍就趕快去學校了，因為她不知道走路時要說什麼。但阿珍對小光的奇怪行為卻假裝什麼都不知道，還是一樣對她很親切。

到了教室，正好在門口碰見奈奈子，兩人見了面，小光忘了打招呼，低著頭想趕快走進去，但她發現奈奈子也忘了打招呼，也低著頭比她更快走進教室。這時她才發現，「奈奈子怎麼變得好奇怪！」小光回想一下才想到，「對耶！自從怪獸山洞探險之後，奈奈子就很奇怪了，為什麼呢？」

「啊！一定是她也有一個橡皮擦鉛筆，擔心我會跟她搶。」想到這裡，小光心裡突然放鬆了，因為「如果大家都有就不用擔心了啊」！可是又想了一下，想到阿珍並沒有變得很奇怪，所以她得到一個結論：「只有我和奈奈子有橡皮擦鉛筆。所以還不能跟珍姊說。」

下課後，小光去找奈奈子，但是奈奈子卻假裝有事跑掉了。

小光想著該怎麼跟奈奈子說，想著想著，想到一個好方法，等一下直接拿橡皮擦鉛筆給奈奈子看就行了。「哈哈……我真聰明！」想到這個辦法讓小光很得意。

上課時，普老師走到台上，他說要跟大家宣布一件很重要的事情。小光聽了突然有點緊張，「普老師知道我和奈奈子有橡皮擦鉛筆嗎？」

「這件事情是跟奈奈子有關的。」普老師接著說。

小光更緊張了，「糟糕！真的被發現了。不過好像還沒發現我也有。」

「因為奈奈子的父母突然要調回日本總公司，所以奈奈子下星期就要轉學回日本了，我們要在她上學的最後一天舉辦歡送會。」

小光一心只想到橡皮擦鉛筆的事情，發現原來不是被發現了，瞬間放輕鬆下來，「還好不是！嚇死獸了。」可是一旦從緊張中脫離，突然理解普老師說的：「奈奈子要離開了！」

可能是剛從緊繃的情緒放鬆下來，心情容易遭受衝擊，想到奈奈子要走了，以後就見不到面，再也不能一起去探險，想著想著，小光不知為何突然就哭了起來。小光邊哭邊看著奈奈子，奈奈子低著頭不說話，過沒多久，也跟著哭了。

大家都知道她們個性很像，感情很好，但也不知怎麼安慰她們。

看到這個場面，普老師仍然笑了笑說：「奈奈子的爸媽有說，放寒假的時候，歡迎大家到日本找奈奈子玩，暑假也可以去住她們家。還有，平常有空的話也很歡迎，想去隨時都可以去。」

普老師很厲害，說完小光和奈奈子都不哭了。因為普老師的話讓人有一種錯覺：「原來要見面還是很容易的嘛！」

邏輯思考小學堂

思考

普老師利用說話術讓人產生一種錯覺，這種錯覺讓人暫時脫離悲傷的情緒，但實際上沒有解決任何實際的問題，這樣做是好還是不好呢？我們應該學習這種說話術嗎？

解答

這種說話術其實也是一種詭辯技巧，只要抱以善意，並且也能達成好的結果，基本上就可以善用它。但要如何使用才能恰到好處並且不會旁生枝節，造成更不好的後果，就不是一件容易的事情了。

三、珍重再見

從怪獸山洞回來的那天下午，奈奈子很高興地回到家裡，想跟爸爸媽媽分享自己剛經歷了一場很厲害的探險。但才一回到家，媽媽就跟她提起要回日本的事情。奈奈子想到要跟小光以及其他同學分開，覺得很不願意，因為她很喜歡這裡的生活，尤其是和她一樣喜歡探險的小光，而以前認識的同學都只會說她胡思亂想。但是奈奈子知道不可能自己一個人留在這裡，只能默默接受了。

時間很急迫，媽媽要她早點跟同學說，可是她說不出口，所以就變得怪怪的了。媽媽只好拜託普老師幫忙跟大家說。

雖然小光了解奈奈子奇怪的原因不是因為橡皮擦鉛筆，而是因為要離開，她還是決定要跟奈奈子分享這個祕密。

下課後，小光去找奈奈子，但奈奈子還是低著頭不看小光。小光說：「我有一個祕密要跟妳說，可是妳不可以跟珍姊說。」

奈奈子聽了嚇一跳，「怎麼小光還會有不能跟珍姐說的祕密呢？」奈奈子抬起頭來，好奇的看著小光，然後點點頭。

奈奈子跟著小光跑到沒人看見的地方，小光拿出橡皮擦鉛筆。一開始，奈奈子不知那是什麼東西，東轉西看，還是搞不清楚。小光說：「給妳一個提示，這個東西出現在禮物包裡面，很可能是肥恐龍不小心包進去的。」

小光一說完，奈奈子就驚呼了一下，「是橡皮擦鉛筆！」

小光點點頭：「應該是！可是不知有什麼用。我也不敢亂用。」

奈奈子又看了看，覺得好羨慕，「好好喔！」奈奈子本來還要說「我也想要一個」。可是覺得這樣說會給小光帶來困擾，所以趕緊改口說：「小光真幸運！這麼棒的東西要好好收著喔！」

當小光看到奈奈子羨慕的眼神時，突然有個衝動想把寶物送給她。可是只有一個，自己又很捨不得，就忍住沒說。後來聽到奈奈子要她好好收著時，就很高興地放回包包了。

「為什麼不能讓珍姊知道呢？」奈奈子好奇的問。

小光解釋：「珍姊如果知道了，就會叫我拿回去還。她會說：『那是別人的寶物，要還給別人。』」

小光說到最後兩句話時，是模仿阿珍的口氣，奈奈子聽了覺得很好玩，噗哧笑了出來。這是奈奈子知道自己要離開後，第一次發自內心地笑出聲來，她接著說：「好，不要跟珍姊說。」

但奈奈子想了一下又說：「可是，就算我們想拿回去還，要怎麼還啊？我們現在又沒辦法去怪獸山洞。」

小光突然醒悟：「對耶！就算想還也沒辦法啊！」小光突然哈哈大笑，因為她白擔心了好幾天。奈奈子也跟著一起笑。

小光回到宿舍後，就告訴阿珍，肥恐龍不小心把橡皮擦鉛筆放到禮物包裡面，雖然很想還回去，但不知怎麼還，只好先幫忙保管了。

阿珍聽了終於知道小光的心事了，也很容易就猜到其實小光是不想還回去，所以才一直不說。很有包容力的阿珍並沒有揭穿小光，只是笑了笑。但是，她覺得怪獸世界遺失這個寶物，說不定是一件很嚴重的事情。所以陷入了思考，沒有說話。

小光隱瞞了很多天，覺得很心虛，又看阿珍不說話，以為她生氣了，想起阿珍平常對她很好，覺得很過意不去。就很擔心地問：「珍姊怎麼了？」

「我在想，失去這件寶物，對怪獸世界來說會不會是一件很嚴重的事情？」阿珍說。

小光一直都沒想到這個問題，聽到阿珍這樣說，自己也開始緊張起來，「萬一失去這個東西會讓怪獸們遭到不幸，那當然要趕快還回去才行啊！」

阿珍想了想又說：「我想大概不會，因為他們都是靠龍老大防禦外敵，所以至少這個寶物不是用來防禦的。而且，反正目前也沒辦法送回去，妳就先保管吧！」

聽到阿珍這麼說，小光就放心了，拿著橡皮擦鉛筆到處玩。但阿珍還是提醒她：「小心別玩壞了！」

玩了一會兒，突然想到從怪獸世界出來時，奈奈子神采奕奕的說要計畫下一個探險，但還沒來得及探險，奈奈子就要離開了。想到這裡，小光又開始難過起來。許多畫面一幕一幕浮上心頭。奈奈子說她會超能力；奈奈子發現妖怪石頭；奈奈子說穿紅色外套就代表要探險。想著想著，小光又不知不覺地掉下眼淚。

打開窗戶，小光想呼吸一點新鮮空氣，望向雨天迷濛的遠山，卻浮現奈奈子低頭不語的神情。「她一定很難過吧！」小光覺得奈奈子很可憐。腦海裡突然映出奈奈子看見橡皮擦鉛筆時很羨慕的神情，小光便做了決定，要把橡皮擦鉛筆送給她。這個決定，雖然會失去最喜歡的東西，但只要想到奈奈子收到禮物的心情，就會感到很滿足，因為，「這個時刻，比什麼都重要。」

歡送會當天，奈奈子的爸爸媽媽也一起來了。他們都很感謝大家對奈奈子很好。奈奈子也說回去以後會想念大家。歡送會結束後，奈奈子就準備要去搭飛機了，就在離開前，大家也互相贈送禮物。

奈奈子離開後，小光打開奈奈子送的禮物，竟然是奈奈子最喜歡的妖怪石頭，裡面還附上一封信：

小光：

謝謝妳陪我玩，還跟我一起去探險，找到怪獸山洞。我一定會永遠記得妳的。我知道妳很喜歡這個妖怪石頭，本來想再去找一個送妳，可是不管怎麼找都找不到。後來煩惱了一陣子，因為只有一個，很捨不得送人。但是我現在很高興地想要送給妳，一點都不會捨不得了。因為我知道妳看到後會很喜歡。妳的開心，對我來說，比什麼都重要。

奈奈子

小光讀完了奈奈子的信，感動得又掉下了眼淚，因為奈奈子的心情竟然和她一樣。小光仔細看著這顆妖怪石頭，越看越喜歡，因為裡面蘊藏著奈奈子滿滿的友誼。她想，奈奈子現在的心情，應該也和自己一樣吧！

的確，當奈奈子在飛機上打開小光的禮物，看見橡皮擦鉛筆的一瞬間，感受到小光把最寶貝的東西送給自己的心情，奈奈子也感動地流下淚來。

邏輯思考小學堂

思考

1. 隱藏祕密有時會影響人際關係，可是我們又常常會有不想告訴別人的祕密，這該怎麼辦呢？
2. 小光說了一個「自己很想還回去」的謊話，幸好沒有被阿珍揭穿。但這樣說好嗎？有沒有更好的說法？
3. 為了保持好的人際關係，阿珍選擇不去揭穿小光的謊言，這樣做究竟是對還是錯呢？

解答

1. 很多時候祕密其實都不是什麼大不了的事情，如果可以敞開心胸，大多數的事情都可以跟人分享。只要內心坦蕩，就不用怕人指指點點。如果能生活在一種「心中無不可告人之事」的心境裡，生活會更自在。這是每個人都應追求的生命境界。

2-3 這兩題都沒有標準答案，請提出自己覺得最好的回答，並且互相討論誰的想法最合理。在生活中，多練習評估合理性，哲學思考能力就會不斷提升。

用故事培養孩子的邏輯思考素養
哲學教授親自編寫故事與49道練習題

作　　者　冀劍制
插　　畫　翔龍
封面設計　Huang Chi Yun
內頁排版　高巧怡
行銷企劃　劉育秀、林瑀
行銷統籌　駱漢琦
業務發行　邱紹溢
責任編輯　何韋毅
總 編 輯　李亞南
出　　版　漫遊者文化事業股份有限公司
地　　址　台北市松山區復興北路331號4樓
電　　話　(02) 2715-2022
傳　　真　(02) 2715-2021
服務信箱　service@azothbooks.com
網路書店　www.azothbooks.com
臉　　書　www.facebook.com/azothbooks.read
營運統籌　大雁文化事業股份有限公司
地　　址　台北市松山區復興北路333號11樓之4
劃撥帳號　50022001
戶　　名　漫遊者文化事業股份有限公司
初版1刷　2019年7月
初版4刷(1)　2020年12月
定　　價　台幣300元

ISBN　978-986-489-347-8

國家圖書館出版品預行編目 (CIP) 資料

用故事培養孩子的邏輯思考素養：哲學教授親自編寫故事與49 道練習題／冀劍制著；翔龍繪. -- 初版.-- 臺北市：漫遊者文化出版：大雁文化發行，2019.07
176 面；15×21 公分
ISBN 978-986-489-347-8（平裝）
1. 思考 2. 親職教育 3. 通俗作品
176.4　　108008547